作者简介

白　芳，中山大学历史学博士，研究馆员，现任广东省博物馆陈列展示中心主任，主要从事中国外销艺术品研究与策展工作。主持策划的"异趣·同辉——馆藏清代外销艺术精品展"、"三城记——明清时期的粤港澳湾区与丝绸外销"展、"焦点：18—19世纪中西方视觉艺术的调适"展等多个展览在全国博物馆十大陈列展览精品推介中获奖。在多家核心期刊发表论文数十篇，《三城记——明清时期的粤港澳湾区与丝绸外销》图录荣获第八届中华优秀出版物（图书）提名奖。

符　凯，广州大学美术学本科，现任广东省博物馆陈列展示中心设计师，第四届广东省文物保护专家委员会委员，研究方向为陈列展览。主持设计"异趣·同辉——馆藏清代外销艺术精品展"、"牵星过洋——万历时代的海贸传奇"展等二十多个博物馆重要展览，其中六个展览在全国博物馆十大陈列展览精品推介中分别获得精品奖及优胜奖。

缪斯
MUSE
文库

本书由中国博物馆协会与腾讯基金会"腾博基金"资助

转换视角

Change the Angle of View

广东省博物馆
"18-19世纪中西方视觉艺术的调适展"
策展笔记

白芳　符凯　等著

ZHEJIANG UNIVERSITY PRESS
浙江大学出版社
·杭州·

图书在版编目（CIP）数据

转换视角：广东省博物馆"18—19世纪中西方视觉艺术的调适展"策展笔记 / 白芳等著 . -- 杭州：浙江大学出版社，2024. 11. --（中国博物馆陈列展览精品·策展笔记）. -- ISBN 978-7-308-25222-5

Ⅰ . G269.276.5

中国国家版本馆 CIP 数据核字第 2024GZ1223 号

转换视角

广东省博物馆"18—19世纪中西方视觉艺术的调适展"策展笔记

白　芳　符　凯　等著

出 品 人	褚超孚
策划编辑	张　琛　陈佩钰　吴伟伟
责任编辑	金　璐
责任校对	闻晓虹
美术编辑	程　晨
出版发行	浙江大学出版社
	（杭州市天目山路148号　邮政编码：310007）
	（网址：http://www.zjupress.com）
排　　版	浙江大千时代文化传媒有限公司
印　　刷	杭州捷派印务有限公司
开　　本	710mm×1000mm　1/16
印　　张	11.25
字　　数	168千
版 印 次	2024年11月第1版　2024年11月第1次印刷
书　　号	ISBN 978-7-308-25222-5
定　　价	88.00元

总　序

　　在社会主义文化强国建设的进程中，博物馆扮演着中华文明优秀成果守护者、传承者与传播者的重要角色。作为博物馆教育与传播的核心媒介，陈列展览成为博物馆守护文化遗产、传承中华文明、讲好中国故事的关键工作。好的陈列展览离不开好的策展工作。策展是构建陈列展览的过程，是通过逻辑和观念的表达，阐释文物藏品的多元价值，构建公众与遗产之间的对话空间，激发广泛社会价值与文化价值的思维和组织活动。博物馆策展的理论与实践水平，很大程度决定了陈列展览的思想境界、文化内涵、艺术品位与传播影响。因此，博物馆策展的学术研究和业务能力建设是提高博物馆陈列展览工作业务水平和影响效果的重要途径；某种意义上，也是促进我国博物馆事业高质量发展的关键所在。

　　"中国博物馆陈列展览精品·策展笔记"丛书的出版，正是源于对上述问题的思考。作为我国博物馆行业发展的协调者与促进者，中国博物馆协会长期致力于博物馆展陈质量建设和策展能力提升。在持续不断的摸索和实践中，许多博物馆同仁建议我们依托"全国博物馆十大陈列展览精品推介活动"，围绕一批业内公认的具有较大影响力与鲜明特色的获奖展览项目，邀请策展团队，形成有关策展过程和方法的出版物。在不断的讨论中，我们逐渐明确：这种基于展览策划的出版物，显然不同于博物馆中常见的对于展览内容及重点文物介绍的"展览图录"，而更适合被称为"策展笔记"。

　　所谓"策展笔记"，一方面，要聚焦"策展"的行动内容，也就是要透过展览看幕后，核心内容是展览从无到有的建设过程，尤其要重点讲述展览选题、前期研究、团队组建、框架构思、展品组织、形式设定、艺术表达、布展制作等当代博物馆展览策划的核心流程及相关体会。另一方面，要突出"笔记"的内涵风格。如果与记录考古工作的过程、方法与认识的"考古报告"相类比的话，"策展笔记"则是对陈列展览的策展过程、方法与认识的重点记录。与此同时，作为与"随笔""札记"等相似的"笔记"文体，也应带有比较强烈的主观性、灵活性和较高的自由度，宜以第一人称的口吻展开，重在呈现策展的心路历程与思考感悟，而不苛求内容体系的完整性与系统性；重在提炼策展的经验、理念、亮点，讲好值得分享的策展专业理论、专业精神、专业态度和专业手法等。我们相信，这样的"策展笔记"，不但可以作为文博行业了解我国文博系统优秀展览的"资料工具书"，也可以作为展陈从业者策展创新借鉴的"实践参考书"，还可以作为普通大众的"观展指南书"，帮助他们了解博物馆幕后工作，更好领略博物馆展陈之美。

丛书第一辑收集了 2019—2021 年度全国博物馆十大陈列展览精品推介的代表性获奖项目，覆盖全国不同地域，涵盖考古、历史、革命纪念等不同类型。由于缺乏经验借鉴，加之展览类型的多元性、编写人员构成的差异性等，在撰稿与统稿过程中，我们遇到了远超预期的挑战。这些挑战包括但不限于：如何平衡丛书的整体风格与单册图书的个体特色；如何兼顾写作内容的专业性特质与写作表达的大众性要求；如何将策展实践中的"现象描述"转化为策展理念的"机制提炼"，充分体现策展的创新点和价值点；如何实现从"报告思维"向"叙事思维"的转型，生动讲述策展的动人细节；如何在分析个案内容的同时对行业的普遍性、典型问题进行有效回应，发挥好优秀展览的示范作用；如何解决多人撰写所产生的文风不统一问题，提高统稿工作的质量和效率；等等。幸运的是，在各馆撰稿团队的积极配合下，在专家的有力指导下，我们通过设定指导性原则、确定写作指南、优化统稿与编审机制等途径，一定程度克服了上述挑战难题，基本完成了预期目标。

　　这套丛书的问世，离不开撰稿人、专家和编辑的辛勤劳动。我们衷心感谢北京鲁迅博物馆（北京新文化运动纪念馆）、中国人民革命军事博物馆、山西博物院、吴中博物馆、扬州中国大运河博物馆、杭州市萧山跨湖桥遗址博物馆、山东博物馆、湖北省博物馆、盘龙城遗址博物院、成都武侯祠博物馆、陕西历史博物馆、秦始皇帝陵博物院、和田地区博物馆等博物馆策展团队撰稿人的精彩文本。同时，我们衷心感谢南京博物院理事长、名誉院长龚良，复旦大学文物与博物馆学系主任陆建松，浙江大学艺术与考古学院教授严建强，北京大学考古文博学院教授宋向光，上海大学现代城市展陈设计研究院执行院长李黎，西安国家版本馆（中国国家版本馆西安分馆）副馆长董理，清华大学美术学院副教授李德庚等多位学者、专家的认真审读与宝贵的修改建议。感谢浙江大学出版社董事长、党委书记、总编辑褚超孚，以及社科出版中心编辑团队的细致审校和精心编辑，他们的工作为丛书的顺利出版提供了坚实的保障。浙江大学艺术与考古学院"百人计划"研究员毛若寒博士在这套丛书的方案策划、组织联络、出版推进等方面，用力尤勤，付出良多。此外，还有许多在本丛书筹划、编辑、出版过程中给予帮助的专家、老师，无法一一列举，在此谨对以上所有人员致以最真挚的感谢和敬意。

　　严建强教授在一次咨询会上曾对这套丛书给过一个很高的评价，认为它是当代博物馆专业化建设的一个重要的里程碑。对于这个赞誉，我们其实是有点愧不敢当的。我们很清楚，丛书第一辑的整体质量还有待提升，离"里程碑"的高度存在一定差距。但通过第一辑的编辑出版，我们为接下来的第二辑、第三辑的编写积累了经验、增强了信心。今后，我们会继续紧扣"策展笔记"作为"资料工具书""实践参考书"与"观展指南书"的核心功能定位，继续深化对于博物馆展览策展笔记的属性、目标、功能、内涵、形式等方面的认知，努力通过策展笔记的编写，带动全行业策展工作专业水平的整体提升。这虽然是一件具体的事情，但对构建博物馆传承与展示中华文化的策展理论体系和实践创新体系，推动博物馆守护好、展示好、传承好中华文明优秀成果，为博物馆事业的高质量发展、为建设社会主义文化强国不断做出新贡献，是很有积极意义的。我们相信，有全国博物馆工作者的积极参与，我们一定能把这套丛书做得更好，做成中国博物馆领域的著名品牌。

　　是为序。

刘曙光

中国博物馆协会理事长

2023 年 8 月

第二辑赘言

自"中国博物馆陈列展览精品·策展笔记"第一辑问世以来，我听到了文博业界及学术圈同仁们不少的夸奖。一些博物馆展陈从业人员自发撰写评论，从实操与理论等层面解读策展理念，提炼专业经验。浙江大学、陕西师范大学等高校将其纳入教学过程，作为培育新一代策展人的学习资料，凸显了"策展笔记"的教育价值。微信读书以及各类新媒体平台的留言体现出"策展笔记"已成为广大观众理解博物馆策展艺术、深化观展体验的"新窗口"，拉近了公众与博物馆文化的距离。不少读者热情高涨，纷纷点赞并留下评论，将之视为"观展宝典"。

读者的肯定，是我们编辑出版"策展笔记"的最大动力。在 2023 年 11 月第一辑刚发行之时，第二辑也进入了紧锣密鼓的撰写阶段。基于前期积累，第二辑在保持原有特色的同时，力求策展写作内容深度与广度的双提升，旨在展现中国博物馆策展实践的多元视角与前沿动态。

江西省博物馆的"寻·虎——小鸟虎儿童主题展"，作为"策展笔记"第一例儿童主题展览，深刻揭示了策展人对儿童心理与行为特征的敏锐洞察，彰显了博物馆对儿童受众的关怀与重视，映衬出博物馆服务理念的革新与拓展。上海天文馆的"连接人和宇宙"基本陈列作为自然科学类展览在丛书中首次呈现，极大地丰富了"策展笔记"的题材与内涵。广东省博物馆的"焦点：18—19 世纪中西方视觉艺术的调适"，是粤港澳大湾区首屈一指的外销画专题展览，荣获"十大精品推介"之"国际及港澳台合作奖"，反映出中国博物馆策展的国际视野，亦是出入境展览在"策展笔记"中的初次亮相。值得一提的是，我们特别收录了虽未参与"十大精品推介"但承载着深厚文化内涵与当代价值、在故宫博物院举办的"何以中国"展览。我们认为，独特的时代性、典型性与代表性，使其成为不可多得的策展典范；我们坚信，其策展智慧值得广泛传播与深入探讨。

在"导览"篇章，"策展笔记"第二辑更加注重构建"策展人导览观展"的沉浸式氛围。例如，上海天文馆的策展笔记立足科普导游与创意巧思，构建出令人心驰神往的宇宙奇景，极大提升了读者的参与感与体验度。"策展"篇章的解析深度与广度也有所提升，体现出更加强烈的问题意识，在撰写个案的同时探讨普遍性议题。如"何以中国"的策展笔记首次提出了"展览观"的命题，深入剖析展览背后的策展理念与文化价值，启发策展人对展览本质的再思考。同时，第二辑还加大了对展览"二次研究"和"学理解析"的力度，对策展相关的"叙事""阐释""符号"等现象进行了学理上的深入探究，将理论成果融入策展实践，进一步提升了展览的学术性和专业度。

技术细节的呈现成为"策展笔记"第二辑的另一大亮点。如对陕西考古博物馆的"考古圣地华章陕西"主展标设计过程的全揭秘，不仅展现了策展团队的匠心独运，也让读者对展览背后的专业技术支撑有了更直观的认识。

最后，第二辑在观展与策展之间建立了更紧密的联系。在"观展"篇章，不少书稿引入观众报告，让策展工作更贴近观众需求，提升了展览的互动性与社会影响力，折射出了策展与观众的双向赋能。

"策展笔记"第二辑依然集结了一支由撰稿人、专家与编辑组成的优秀团队。在此，我们向故宫博物院、辽宁省博物馆、上海天文馆、苏州博物馆、浙江省博物馆、杭州市临平博物馆、江西省博物馆、郑州商代都城遗址博物院、广东省博物馆、中山市博物馆、广西壮族自治区博物馆、四川博物院、陕西考古博物馆等多家博物馆的策展团队贡献的精彩文本表示由衷感谢。同时，还要继续感谢南京博物院理事长、名誉院长龚良，复旦大学文物与博物馆学系主任陆建松，浙江大学艺术与考古学院教授严建强，北京大学考古文博学院教授宋向光，上海大学现代城市展陈设计研究院执行院长李黎，西安国家版本馆副馆长董理，清华大学科学博物馆（筹）高级顾问杨玲等专家学者，他们的专业审读和中肯建议对提升"策展笔记"内容质量起到了关键作用。我们还要向浙江大学出版社董事长、党委书记、总编辑褚超孚，副总经理张琛，社科出版中心编辑团队及所有参与的工作人员致敬，他们一丝不苟的工作态度与精益求精的专业精神，确保了"策展笔记"第二辑的高质量出版。我还要特别鸣谢今天在浙江大学艺术与考古学院任"百人计划"研究员的毛若寒博士。作为执行主编，他不仅协助我延续并深化了策展笔记的体例，更以其富有朝气的学术洞察力推动了丛书品质的进一步提升。此外，还有许多未被逐一提及的专家和同仁，他们的辛勤工作和专业精神对整个编撰项目至关重要，我对他们表示由衷的感谢和敬意。

"策展笔记"如同一扇开启多元视野的窗，亦如聚焦万象的镜头，第二辑尤为如此。它不仅展现了中国博物馆展览生态的丰富多样，更深刻揭示了策展实践背后的创新思维与理论深度。从第一辑至第二辑，这套丛书见证了中国博物馆策展领域的进步，每一页笔记都凝结着策展人对新时代博物馆的角色与功能的深邃思考。这一历程不仅是策展理念革新的实录，亦是中国博物馆人敢于探索、勇于创新精神的鲜活体现。展望未来，我们将秉持"讲好中国故事"的初心，以"策展笔记"为桥梁，不断深化对新时代博物馆使命的理解与实践，致力于通过精品展览传承中华优秀传统文化，弘扬革命文化，发展社会主义先进文化，为建设社会主义文化强国、推进中国式现代化贡献博物馆的力量。

刘曙光

2024 年 8 月

转
换
视
角

Change the Angle of View

这是一段被人遗忘的故事

一、缘起

外销画是 18—19 世洲率先在广州口岸出现的一个新画种，它是由广州口岸的画家采用西方的绘画技法和绘画媒介进行绘制并销售到西方的绘画作品。广东省博物馆（简称粤博）对外销画的关注与收藏可以追溯到 20 年前，当时我所在的部门是陈列部，为了筹建现在的广东省博物馆新馆，陈列部所有业务人员都投入新馆基本陈列的大纲编写与研究工作中，并参与文物征集方面的相关工作。按照工作部署，我负责的是"广东历史文化陈列"第二部分"扬帆世界"内容文本的撰写。这一段反映的是广东作为海上丝绸之路发祥地，其悠久的海洋文化交流史。尤其是明清时期，广东因其优越的地理位置和特殊的政策扶持，成为中国与世界交往的门户和窗口。"广州制作"一度成为享誉世界的知名品牌，"中国趣味"也成为欧洲最新时尚的代名词。但是遍检库房藏品，符合中国传统文人审美的书画、陶瓷、青铜、杂项的藏品数量丰、等级高，却无法成为讲述中外文化交流互鉴的代表性历史见证物。

二、困惑

外销画是我们了解中国社会生产生活、民风民俗、城市风貌的重要图像资料，是对文献记录的有力补充。"这批绘画在中西文化交流和中国社会文化史上，具有不能否认的历史地位和重要价值，它们是美术史之外的'美术'，是文字记载之外的图绘历史。"[1] 同时，外销画也是中西文化艺术交流的视觉见证，体现了岭南开放包容的心态和民间对外来文化的主动接受和参与，补充丰富了明清以来以文人画为主流的中国传统美术史。中国近代美术教育事业奠基人刘海粟先生（1896—1994）早在 1987 年就曾发表《蓝阁的鳞爪》一文："近代美术史家把我的同时代人尊称之为先驱，我附在骥尾，惶悚不安，如果我们把眼光放远大一些，中国油画史还可以提前半个世纪，真正的先驱……蓝阁（林呱）可能就是其中之一……这一想法，希望能被美术史家所证实。"[2] 但由于外销画与生俱来的商品属性和中国传统文人画的正统观念，外销画一直被排斥在中国艺术史之外。此外，关于外销画的文献材料、实物原作大多收藏在海外，即便几十年过去了，认同刘海粟先生这一观点的学者依旧寥寥无几。然而，对于广东的历史文化而言，十三行、粤海关、外销艺术品都是广东省博物馆新馆基本陈列急需补充的重点、亮点内容。每当我们从海外发现一条外销画的征集线索时，都格外欣喜雀跃，但传统书画鉴定专家的冷静与理性，又把我们从美好的憧憬中拉回现实。在鉴定专家对每一幅外销画的艺术性、稀缺性、历史价值、研究价值甚至是价格高低进行反复辩论，达成一致意见后，作品才得以成功入藏。对失之交臂的外销画，我们有遗憾也有困惑：为何外销画在海外备受关注？为何知名的外销画画家可以得到西方艺术界的认可？为何中国的艺术家认为外销画全部都是行画、是没有艺术价值的商品？

三、挑战

　　经过多年的学术积淀和探索，广东省博物馆外销画的收藏从无到有，在数量与质量上都有了实质性的突破和飞跃。就画种而言，广东省博物馆收藏有油画、水彩画、水粉画、素描、版画、细密画、玻璃画等诸多品类；就艺术家而言，广东省博物馆既收藏有知名的、带款识的外销画画家的作品，如蒲呱、林呱、廷呱、顺呱、煜呱、南昌、南祯、周呱等，又收藏有来华旅居、颇具艺术造诣的西方艺术家的作品，如乔治·钱纳利（Geogre Chinnery，1774—1852）、奥古斯特·博尔热（Auguste Borget，1808—1877）、托马斯·博斯韦尔·屈臣（Thomas Boswell Watson，1815—1860）、马西亚诺·安东尼奥·毕仕达（Marciano António Baptista，1826—1896）等；就特色而言，广东省博物馆既有 18 世纪绘制在海外舶来平板玻璃上的反笔玻璃镜画，也有为满足西方博物学的需要，绘制在欧洲纸本上的外销水粉植物画，还有流传有序、来源可考、尺幅最大最完整的清乾隆年间的手绘外销壁纸等外销画藏品（图 1-1）。

　　随着中外学术交流活动的日益频繁，海外收藏的外销画作品日益被收藏界、文博界所了解，海外关于外销画的研究、文献档案也陆续被翻译成中文出版，广东的多所高校纷纷成立"广州口岸史研究基地""广州十三行研究中心""海洋文化研究所"等学术团体和机构，这都有力地推动了外销画的深入研究，外销画也因此成为粤港澳大湾区文博机构竞相收藏、研究、整理和展示的重要题材。就广东省的博物馆而言，近年来举办的关于中国外销画主题的展览有：2001 年，广州博物馆推出"西方人眼里的中国情调：伊凡·威廉斯捐赠十九世纪广州外销通草纸水彩画"展览；2015 年，广州博物馆继而又推出"广府旧事：19 世纪广州外销通草画中的城市生活"展览；2017 年，孙中山大元帅府纪念馆推出

"洋画·羊城·洋风"展览；2018 年，鸦片战争博物馆推出"广东名片：清代通草水彩画精品展"；2022 年，广州十三行博物馆推出"重拾失落百年的广州明信片：馆藏通草画展"。上述博物馆立足本馆藏品特色和优势，策划的均是以"中国外销通草画"为主题的专题展。随着研究和认知的不断加深，展览从画面的图像信息解读到科学的颜料分析，从清代通草画到现代通草画的"非遗"传承，都不断有新的突破。香港和澳门在中西文化交流中拥有天然的区位优势，两地的收藏中出自中国画师及寓居中国的外籍画家之手的作品数量丰富、品质卓越，反映了 18—19 世纪广州、香港、澳门及沿海多个通商口岸的风貌，具有较高的历史价值、艺术价值和研究价值。两地都曾举办过多个专题性的历史绘画展览：香港艺术馆曾于 1991 年举办"历史绘画"展览、2007 年举办"香江遗珍：遮打爵士藏品选"展览、2011 年举办"东西共融：从学师到大师"展览；澳门博物馆在 2010 年举办"他乡故里：乔治·钱纳利作品展"；澳门艺术博物馆在 2020 年举办"豫游之道：澳门艺术博物馆馆藏展"。

上述展览中，2011 年香港艺术馆举办的"东西共融：从学师到大师"展览是最具突破性的一个展览。与其他以图像证史为主要目的的展览不同，该展首次通过对比中国外销画与西方艺术家的作品，尤其是那些曾到访过中国的西方艺术家的作品，探讨西方美术在外销画发展过程中起到的作用，首次提出了外销画画家中最优秀的一些画家的技法可以与西方大师并驾齐驱的观点。这个展览举办时，恰巧广东省博物馆有一批新的外销画征集意向。在完成工作任务之余，我们和受邀的鉴定专家一同前往参观了展览。走出展厅，大家都感慨良多，一方面是我们多年的努力没有白费，另一方面是面对"外销画就是行画、是没有艺术价值的商品"这一负面声音找到了可供商榷的依据。但是从策划展览的角度，这个展览又给我们提出了一个新的挑战。面对这个天花板级别的展览，我们如何能够有所突破，而非千展一面、人云亦云？

图1-1　佚名绘《清乾隆农耕商贸图外销壁纸》（局部），18世纪，纸本水粉，广东省博物馆藏

注　释

〔1〕王次澄，等 . 大英图书馆特藏中国清代外销画精华（第 1 卷）. 广州：广东人民出版社，2011：5.

〔2〕刘海粟 . 蓝阁的鳞爪 . 中国美术报，1987（5）：3.

转
换
视
角

Change the Angle of View

文化的交流是双向互动的过程，外销画也不例外。外销画既是西画东渐的产物，也是西方人了解东方风物的视觉媒介，它起到了中西文化互通互识的桥梁作用。"焦点：18—19世纪中西方视觉艺术的调适"展（简称"焦点"展）以"中西方视觉艺术的对话与调适"为策展理念，以视觉艺术全球化的学术视野重新审视外销画，讲述18—19世纪中外艺术家在画艺、画技、画材等多个方面相互借鉴、相互调适，共同绘制具有"中国风"审美情趣的历史画作，从而开创了中西方视觉艺术对话与调适的"广州时代"。展览主标题以"焦点"命名，有三层含义，即绘画技法中的焦点、贸易网络中的焦点、话题讨论中的焦点。

一、绘画技法中的焦点

18世纪、19世纪，广州的外销画画家学习借鉴西方的焦点透视等绘画技法，绘制符合西方"中国风"审美需求的绘画作品，从而形成了有别于中西方传统审美的新艺术形态。"散点透视"与"焦点透视"（图2-1）可以说是中西方绘

图2-1　毕仕达绘《广州街景》，19世纪，纸本水彩，广东省博物馆藏

画之中各具代表性的特征。"焦点"展也是以中西方绘画并置的方式，讲述外销画画家如何在绘画技法上做出从"散点"到"焦点"的自我调适。

图2-2　佚名绘《在油画布上画风景画的中国画家》，约1800年，纸本水彩，维多利亚与艾尔伯特博物馆藏

二、贸易网络中的焦点

15世纪末，伴随大航海时代的到来，东西航路开通，揭开了海洋时代的序幕。广州地处南海之滨，是连接中国与世界的枢纽。尤其是清乾隆二十二年（1757），"一口通商"谕令颁布，仅允许欧美商人在广州一地通商贸易，广州由此垄断中西方海路贸易近一个世纪。广州既是清朝全盛时期世界贸易网络体系中的重要节点，也是中西方文化艺术交流、碰撞的聚焦地。外销画就是通过贸易的渠道，由广州口岸的外销画画家率先采用西方的绘画技法和绘画媒介进行绘制并销售到西方的绘画作品（图2-2）。

三、话题讨论中的焦点

就早期中国油画史而言，美术界往往认为被誉为"中国油画第一人""中国油画之父"的李铁夫（1869—1952）是中国近现代油画艺术与民主革命的先驱，是第一位留学欧美国家学习西方艺术的学子，是与西方艺术接轨的里程碑式人物（图2-3）。"焦点"展通过勾勒一段被人遗忘的早期中国油画史面貌，旨在构建一个话题的焦点、讨论的焦点，期待和观众一起重新审视中国早期油画史的开端及其在西方装饰艺术史中的作用和地位，与观众一起探讨外销画画家所开创的中西方视

图2-3　李铁夫绘《刘素薇肖像》，1942年，布本油彩，广东美术馆藏

觉艺术对话与调适的"广州时代"。

　　通过举办这样一个具有关注度、话题感的展览，我们希望用展品构成一段曾经被人遗忘却一直延续至今的故事。在这个展览中，我们不想给出一个结论，而是希望用展览架起与观众沟通的桥梁，由观众表达自己的观点和认知，从而构建起一个话题讨论的焦点。

转换视角

Change the Angle of View

一、选题策划：中西方艺术的对话与调适

18—19世纪，广州是世界贸易网络中的重要节点。贸易全球化的背景下，广州成为世界文化、艺术交流的门户和窗口。在这里，中西方的绘画媒介和绘画技法得以调适与糅合；在这里，中外艺术家共同描绘东方的风景风貌、生产生活和民风民俗；在这里，中西融合的绘画作品扬帆过海，成为备受西方社会追捧的新奇艺术品。不同的艺术风格与审美趣味在不同的时代和地理维度中潜移默化地发生着演变，中西合流的历史绘画不仅成为特定时代的历史印记和见证，而且随着时间的推移，愈加彰显其启迪的意义。展览以"中西方视觉艺术的对话与调适"作为策展理念，从"画艺的调适""画技的调适""画材的调适"三个维度，描绘了18—19世纪的中外艺术家在画艺、画技、画材等多个方面相互借鉴、相互调适，共同绘制具有"中国风"审美情趣的历史画作，从而开创了中西方视觉艺术对话与调适的"广州时代"。

（一）画艺的调适

明清时期，西方绘画通过宗教、政治和商业三条途径传入中国，分别在宫廷和民间形成了各具特色的绘画风格。"新体画"是以郎世宁为代表的宫廷画家根据中西方的传统绘画特点与清廷帝王的审美喜好，将西方写实的绘画风格融入中国传统绘画中，从而形成的一种调适后的宫廷绘画新趣味。"外销画"是广州口岸的外销画画家采用西方的绘画技法和绘画材料绘制的符合西方"中国风"审美需求的绘画作品，从而形成了有别于中西方传统审美的新艺术形态。

图3-1　展览第一部分"画艺的调适"

　　展览第一部分"画艺的调适"（图3-1），由"钱纳利与林呱""毕仕达与顺呱""屈臣与煜呱"三个板块构成，讲述英国画家钱纳利在中国华南沿海确立"钱纳利风"的艺术流派。

　　钱纳利，英国人，是19世纪在中国华南沿海居留时间最长、影响最大的西方画家。钱纳利早年在英国皇家美术学院学习，接受过完整的学院派体系训练，是英国学院派"华丽风格"（grand style）的代表。"华丽风格"是英国当时最流行的一种绘画风格，以奔放的笔触、明亮的色彩、强烈的对比为主要特征。英国皇家美术学院首任院长约书亚·雷诺兹（Joshua Reynolds，1723—1792）以绘制新古典主义肖像画和"华丽风格"艺术闻名。钱纳利、托马斯·劳伦斯（Thomas Lawrence，1769—1830）、威廉·毕奇（William Beechey，1753—1839）都是"华丽风格"艺术的著名代表。18世纪，也是英国水彩画的黄金时代，约翰·康斯特布尔（John Constable，1776—1837）、威廉·特纳（William Turner，1775—1851）这两位英国浪漫主义艺术巨匠的"如画"水彩画风也深深地影响着钱纳利。1825年，钱纳利来到澳门寓居直至去世。他根据华南沿海特殊的地理环境，对英国学院派画风进行了浪漫化的调适，创造出具有独特中国情调的"钱纳利风"，被誉为英国远东最后一位浪漫主义艺术家。钱纳利的画风既被来华的西方人学习、借鉴，也对 19 世纪 20 年代以后的广州外销画画家的绘画风格产生了深远影响。1852 年的《广东邮报》曾评价道："一个在广州的现代绘画流派，是钱纳利建立起来的，他的学生包括林呱及其他一些中国画家都画艺不凡。"[1] 展览中选取的这三组中外艺术家都是围绕着钱纳利这位焦点人物展开的。林呱，活跃于1820—1855 年，是将钱纳利的绘画风格融会贯通的代表性画家，有"中国的托马斯·劳伦斯爵士"之誉。钱纳利与林呱二者既是师徒又是竞争对手。林呱曾把自己创作的肖像油画送到英国皇家美术学院、美国纽约阿波罗俱乐部和波士顿图书馆等地展出，赢得了国际声誉。

毕仕达，土生葡萄牙人，主要活动于澳门和香港，绘制了大量关于澳门、香港、广州题材的风景画。他早年师承钱纳利，在水彩画和速写方面受钱纳利影响较深。顺呱，活跃于 1830—1865 年，也是一位受钱纳利画风影响的知名广州外销画画家，擅绘风景油画和水彩小品。其作品早期以海洋船舶风景画为主，后期则以场景宏大复杂的港埠风景画著称。

屈臣，苏格兰人，1845 年来到澳门定居，后移居香港。屈臣是钱纳利的医生，同时也向钱纳利学习绘画，绘制过大量反映粤港澳三地题材的风景画。煜呱，活跃于 1840—1870 年，在广州及香港都设有画室，店号"怡兴"，广州画室的地址位于靖远街 34 号，香港画室的地址位于皇后大道 107 号。煜呱擅绘巨幅港埠风景油画，重视对风景色彩质感和气韵的生动表现，笔触比钱纳利更加细腻传神，"是一位能够以西方风格为海外市场创作具有高度原创性绘画的知名画家"[2]。

展览第一部分，虽然从"钱纳利与林呱""毕仕达与顺呱""屈臣与煜呱"三个板块，通过遴选钱纳利的代表作品以及钱纳利追随者的代表作品，基本勾勒出钱纳利在华南沿海确立起"钱纳利风"艺术流派的基本脉络，但是对于非美术史专业的普通观众而言，在没有讲解导赏的情况下，展品蕴含的深层信息无疑过于错综复杂。为了解决这一困境，我们运用知识图谱技术开发了"钱纳利的朋友圈"（图3-2），通过钱纳利的"英国朋友圈""华南的外国朋友圈""华南的中国朋友圈"三个圈层的联动，清晰地勾勒出钱纳利艺术风格的形成、流变与影响。在浏览方式上，观众可以依据个人喜好，自主选择浏览朋友圈中涉及的每一位艺术家的人物生平、作品列表、作品简介以及高清图像。钱纳利的朋友圈知识图谱通过知识域可视化图表，运用逻辑与互动的手段，清晰表现了钱纳利及其作品与朋友们之间的关系，便于观众直观理解外销画关键人物、事件、作品之间的联系，增强了展览的释展功能。

展览梳理了18—19世纪十三行外销画的发展脉络，向观众说明了中西方视觉艺术的调适过程与方式，回答了外销画的美术史之外的"美术"价值等关键问题。人物、事件、作品是外销画发展的关键节点，它们之间的关系体现了驱动中国与西方国家美术融合的脉络，是挖掘、分析、构建、诠释外销画图绘历史内容的知识构架，所以知识图谱的关键节点及其之间的关系是便于观众理解外销画价值的知识阐释结构。因此，展览在梳理中西方视觉文化交融过程与结果的基础上，以知识图谱形式，用结构化图表呈现人物、事件、作品之间的联系，使观众能更容易地理解其逻辑关系。通过观众与知识图谱系统之间的互动，让观众在探索关键节点及其之间关系的同时，可以获得与关键节点相关的知识。

此外，钱纳利与林呱二人还是一个极具故事性与冲突性的组合，二人既是师徒又是竞争对手。他们在市场竞争中相爱相杀，最终林呱凭借不逊色于钱纳利的艺术造诣、出色的推销技巧和性价比超高的价格优势抢占了钱纳利的市场。法国旅行家奥尔德·尼克（Old Nick）曾经记录了两者之间的矛盾：

> 尽管钱纳利声称他没有转借、赠送或出售他的作品给林呱，他的这位学生仍从他那里借走了许多作品。这两位画家之间存在竞争，主要归因于他们住在

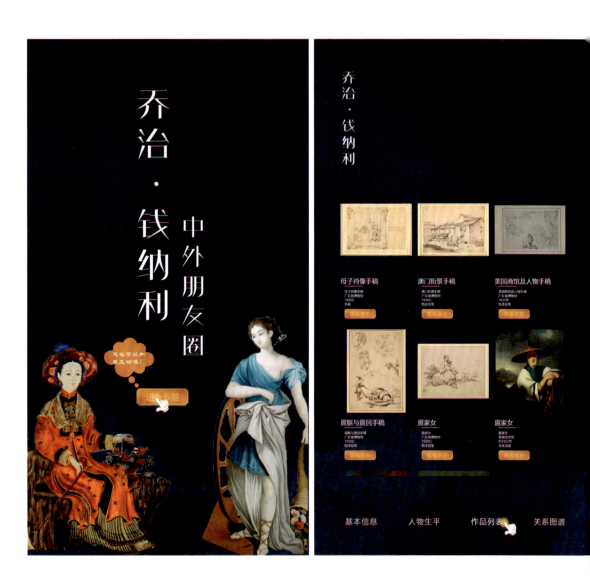

图3-2　钱纳利的朋友圈

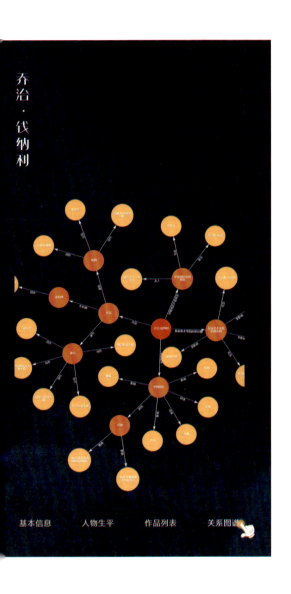

同一个地方。钱纳利说林呱是一个水平极差的画家,绘画技艺是从自己那里偷学的。林呱却说自己是个出色的学生,是钱纳利的助手。由于林呱的画作便宜得多,一些不太讲究艺术的人更愿意在林呱处买画,于是两位画家之间就产生了怨恨。[3]

据文献记载,钱纳利一幅肖像画索价 100 美元,而林呱画室打出的广告则是"出售中、英两种风格的画作——中国风格 8 美元,英国风格 10 美元"。当时一美元约合中国白银 0.72 两,也就是说林呱的一幅英国风格的画作在中国用 7.2 两白银可以买到,钱纳利的一幅画作约是林呱一幅画作价格的 10 倍。那在道光年间,10 两银子在中国又具有怎样的购买力呢?

通过图 3-3 的梳理,我们认识到:外销画并非如我们常识认知的那样低廉,而应该具体问题具体分析;外销油画的材料是稀缺、昂贵物品,早期都是海外舶来品,赞助人订购油画需支付材料费的运作模式也体现着广州口岸全球化的贸易趋势。

在展览的这一部分中,中国外销画画家的署名多是以"某呱"命名的。"呱"是什么意思呢?这其实是一个历史学界、艺术史学界都

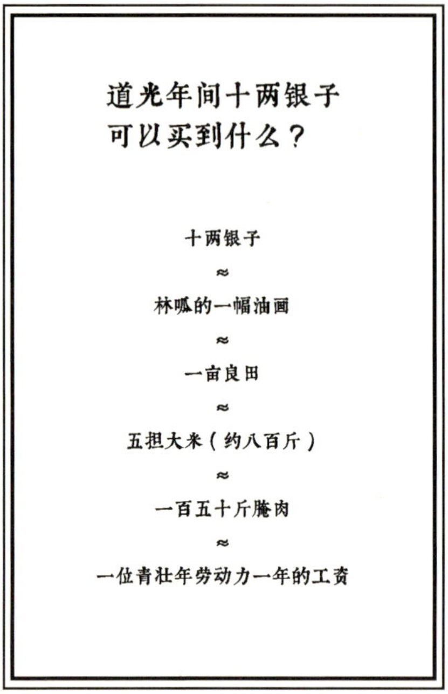

道光年间十两银子可以买到什么？

十两银子

≈

林呱的一幅油画

≈

一亩良田

≈

五担大米（约八百斤）

≈

一百五十斤腌肉

≈

一位青壮年劳动力一年的工资

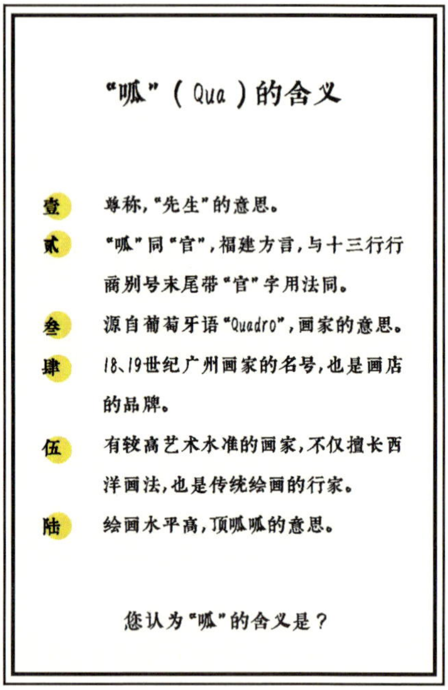

"呱"（Qua）的含义

壹　尊称，"先生"的意思。

贰　"呱"同"官"，福建方言，与十三行行商别号末尾带"官"字用法同。

叁　源自葡萄牙语"Quadro"，画家的意思。

肆　18、19世纪广州画家的名号，也是画店的品牌。

伍　有较高艺术水准的画家，不仅擅长西洋画法，也是传统绘画的行家。

陆　绘画水平高，顶呱呱的意思。

您认为"呱"的含义是？

图3-3　道光年间十两白银的购买力（左）
图3-4　"呱"的含义（右）

悬而未决的话题，我们又该如何去解答观众的疑惑呢？

既然学术界没有定论，我们与其陈述一个观点，不如罗列所有的观点（图3-4），让观众在观展中带着问题得出自己的看法和观点。

图3-5　展览第二部分"画技的调适"

（二）画技的调适

　　明清两代，在中国画坛占据主流地位的是文人写意画。它以"散点透视"的时空意识、不求形似的造型理念、富有节奏韵律的线条墨色，灵动地表现出东方艺术的深邃意境与隽永神韵。而西方古典绘画，则是建立在科学的基础上，以"焦点透视"为法则，写生写实，构建强烈的立体感、纵深感，准确生动地再现自然的物象。18—19世纪，伴随中西文化交流的不断深入，中西绘画的技艺在华南沿海一带不断展开调适与融合。对于非美术史专业背景的观众而言，绘画技法是一种可意会不可言传、比较抽象的概念。如何让观众通过自己的观察了解中西绘画技法之间的调适与融合？在展览第二部分"画技的调适"（图3-5）板块中，我们首先选取外销画中常见的五大主题，即"植物画""肖像画""船舶画""风景画""风俗画"。这五大主题并非中国传统绘画的分类方式，而是中国外销画画家为迎合海

图3-6　"HAN SHAM"画室款《菊花图》，约1820年，欧洲纸本水粉，广东省博物馆藏

外客户的需求而特别绘制的西方绘画题材。在每一类西方绘画题材之下，我们通过外国画家和外销画画家的作品并置展示的方式，帮助观众比较、领会外销画画家是如何不断调适自我，通过学习、借鉴西方的绘画技法，绘制具有"中国风"审美情趣的绘画作品的。

　　"植物画"是近代以来，随着人们对自然的认识和研究的深入，在西方逐渐兴起的一个新画种。18世纪末19世纪初，广州外销画画家按照西方近代生物绘图法的要求，将植物花卉的特性科学准确地绘制出来。这与自中国宋代以来"院体画"追求的写生、写实形式有异曲同工之处，即严谨、精细、准确的"状物摹形"。外销画中的植物画，是绘画技法最符合西方人绘画审美习惯的一类题材。这幅"HAN SHAM"画室款《菊花图》（图3-6），绘制在印有"Stacey

Wise 1817"水印标识的欧洲进口纸上。一株娇艳怒放的菊花居于画面中心，茎叶、花朵刻画精细、栩栩如生。另绘有菊花剖面图，雄蕊、雌蕊、花萼、花瓣一一描绘出来，体现出植物学绘画的科学性特征。画作右下角楷体墨书"金凤毛"，左下角写有"六号"，画框背部上方留有"HAN SHAM"画室长方形商标。可以推断，此幅画作是"HAN SHAM"画室应西方客户需求绘制的中国植物画系列之一。

"肖像画"是人物画中的一类重要内容，中国人称肖像画为"写真"，讲求以形写神、形神兼备，通过"抽象的写实"，重点刻画人物内在的神韵。西方肖像画通过运用解剖学、透视学等科学方法，以达到立体写实的效果。广州外销画画家绘制的肖像画，无论在创作形式还是创作理念上，都采用了西方写实绘画的方式。图 3-7 的这幅布本油彩《卢茂官肖像》，由林呱或其画室绘制。茂官以全身肖像构图，身着三品武官补服，体态壮硕，倚坐在紫檀木扶手椅上，神情、衣着、体态洋溢出富足悠闲的气息。室内的家居陈设与欧式立柱，室外的花卉与港埠船舶，都起着烘托特定人物身份的作用。林呱以"漂亮的肖像画家"自诩，他追随钱纳利的画风，在《卢茂官肖像》中，林呱或其画室采用英国学院派古典肖像画的"华丽风格"技法绘制，刻意强调人物脸部鼻、颊和唇的红润，以细微的笔触表现脸部肌肤光色变化。通过高光与次高光的处理，人像显得容光焕发。整件作品笔触流畅细腻，色彩丰富且富有质感，营造出一种显赫的画面效果，充分反映出林呱卓越的艺术造诣。

"船舶画"是在摄影术发明之前，以航海为职业的西方船长和水手，为纪念自己的航海生涯，在停留的港口请画家为他们绘制船舶和港口风光的图像。船舶画多以港口风光为背景，港口风光则多用船舶图案作装饰。广州外销画画家按照西方船舶画的绘画形式绘制了大量出现在珠江口岸的各式船舶，在构图和绘制技法上均反映出西方绘画的风格，属于世界船舶画的一部分。这幅"鹤亭"款《荷兰东印度公司商船图》（图 3-8），借鉴了西方海景船舶画的构图，并遵循了近大远小的透视原理，精细地描绘了荷兰东印度公司的商船和局部波涛起伏的海面。远景的重峦叠嶂、草木屋舍则采用水墨设色的中国传统山水画法进行处理。此外，画作右上方还题有

图3-7　林呱或其画室绘《卢茂官肖像》，约1830—1860年，布本油彩，广东省博物馆藏

图3-8 "鹤亭"款《荷兰东印度公司商船图》，清，纸本设色，广东省博物馆藏

"琼江从古入诸蛮，乃是扶桑第一湾。万里风涛吴越舶，两岩堡堞筑肥关。天然辟地壶坛水，不断变云画壁山。别有红毛通货贡，年年经夏远来还"的诗句，并钤"鹤亭""又新"朱文方印，充分体现了中西绘画风格的调适与融合。

"风景画"盛行于旅行并不方便的年代，来华的西方人为了向家人、朋友展示自己曾经到过的地方，有的自己沿途写生，有的则请当地画家绘制能展现本地风光的绘画作品。因此，当时广州外销画画家运用西方的绘画材料，以透视法、明暗法等西方绘画技法，绘制了大量展现岭南地区的港口风貌、城市风景和园林景色等的油画、水彩画与水粉画，呈现出中西方视觉艺术相互交织的景象。图3-9的这幅

图3-9　佚名绘《澳门南湾景色》，19世纪，布本油彩，广东省博物馆藏

佚名画家绘制的布本油彩《澳门南湾景色》，描绘了从西望洋山向东北眺望澳门南湾的风光。澳门的外港南湾海岸，地形犹如一钩弯月，是澳门标志性的景点。从这个角度取景，构图异常优美，是众多中外艺术家喜爱的取景作画之处。画面远方居中处是大炮台，右后方是东望洋山，岸边是鳞次栉比的建有柱廊式阳台的欧式建筑。鳞影荡漾的海面，停靠着几艘疍家小艇，中式帆船和西方的东印度公司商船穿梭航行于海面之上。钱纳利在澳门侨居期间，被澳门南湾景色深深吸引，曾用不同的视角、构图以及多种色调和画法将南湾景色表现得淋漓尽致。此幅广州外销画画家绘制的南湾景色，构图与钱纳利的作品如出一辙，散点光源的运用令画面光色变化丰富且富有节奏感。

　　"风俗画"是中国传统绘画的一个重要类别，北宋张择端的《清明上河图》是中国传统风俗画的经典之作。18 世纪欧洲盛行"中国热"，西方人渴望通过文字和图像了解中国社会和中国人的日常生活。为了满足西方社会的需要，广州外销画画家在中国传统风俗画的基础上，以油画、玻璃画的形式，更多的是以水彩、水粉成套绘制的方式，描绘了大量反映中国社会生产、生活风貌的风俗画，这些风俗画成为西方了解中国的重要媒介。19 世纪上半叶，外销风俗画的市场需求量达到最高峰，导致画工开始采用流水线的方式批量生产，以提高效率。1837 年，法国旅行家奥尔德在参观了林呱画室后，曾这样描述道："楼上，有八到十位画工拉高衫袖，将辫子盘卷于脖子上努力地工作，他们都采用流水作业形式，所以产量很高……他们可以说是智慧的机器。"[3]为了让观众体验何为"智慧的机器"，我们特别营造了一处外销画生产工坊的互动体验空间（图3-10），通过电脑联机操作的方式，解构一幅外销画是如何通过流水线分工作业的方式共同完成的。

　　我们在模拟外销画生产工坊的展示空间里，设置了四台联网的触摸屏电脑作为四个绘画工位（图3-11）。工位采用老画桌、矮竹凳，画板以触摸屏电脑代替，方便观众创作分享。根据展览要表现"焦点"这一绘画技法的理念，展项互动

图3-10 "流水线生产工坊"展项现场（上）
图3-11 "流水线生产工坊"展项近景（下）

图3-12 "流水线生产工坊"展项界面设计（上）
图3-13 观众体验"流水线生产工坊"（下）

系统按绘画的透视原理，设计背景、远景、中景、近景四个绘画工位，引导观众按这四个工位的顺序进行操作（图3-12）。系统向四个工位分别提供不同的绘画内容，如背景有山、珠江等，远景有建筑等，中景有船只等，近景有人物等，观众触屏选择内容，并拖曳到画面，自己选择位置、调整大小和角度，完成这个工位的构图。观众依照背景、远景、中景、近景四个绘画工位顺序，每完成一个工位的制作就存储到系统，然后下一个工位的观众继续这个画面的制作。四个绘画工位都完成后，系统会把这幅观众制作的外销画作品投在展位中央的大屏幕上。

"流水线生产工坊" 是"焦点"展颇受观众喜爱与好评的展项，吸引了众多观众尤其是青少年观众参与（图3-13）。通过操作系统，观众不仅体验到外销画曾经的这种流水线制作方式，也收获了自己绘制的外销画作品。通过触屏点击与拖曳操作，观众能轻松地构造画面内容，理解背景、远景、中景、近景之间的透视关系，认识到流水线提高制作效率的优势。

在展览的第二部分中，一套18世纪晚期的中国传统乐器图极为引人注目，其一套有36件，绘制在欧洲纸本之上，每件尺幅纵46.5厘米、横31厘米，画作由四幅乐师团体演奏图和32幅中国传统乐器图组成。乐师演奏使用的乐器可分为三种类型：打击乐器、管乐器和弦乐器。乐师演奏使用的每一种乐器又均被单独、细致、逼真地描绘出来。这些静止在画面中的乐器如何称呼、如何弹奏、能发出何种音调呢？

为了解答这些问题，我们与广州美术学院以馆校合作的方式，对这一组作品进行了专题研发。师生们提出了"广府女团"这一设计概念，开发出触屏互动展项"广府女团——外销画中的中国传统乐器"（图3-14）。展项由两个部分组成：一是实物展示，我们精选其中18件作品，采用阵列的方式挂墙展示；二是多媒体触屏装置。装置以18世纪外销画《彩绘中国传统乐器演奏》为蓝本进行创作，为画作里古琴、花鼓、阮、箫、扬琴、二胡等的演奏者加入演奏动态效果，并配上专门录制的乐器音效。观众通过点击挑选，就可以欣赏演奏者的精彩演出。吹、拉、

图3-14 "广府女团——外销画中的中国传统乐器"展项现场（上）
图3-15 "广府女团——外销画中的中国传统乐器"展项互动系统界面设计（下）

弹、唱，演奏者动作流畅自然，音乐优美动人。此外，我们还将四幅广府女子独奏的乐器图合成一张动态图像，以"广府女团"的方式演绎广东地方民间音乐"雨打芭蕉"（图 3-15），凸显了展览的地域特色，拉近了与观众的距离。

　　"广府女团——外销画中的中国传统乐器"用图像、动画、音乐、文字等多种媒体组合引发观众的多感官体验，增强了观众对外销画里中国传统乐器的理解。外销画记录了我国 18—19 世纪的社会生产生活、民风民俗、城市风貌等，是重要历史图像资料，有力地补充了文献记录。"广府女团——外销画中的中国传统乐器"延续了多种媒体组合传播的优势，引入当代时尚概念和传播方式，让外销画里的人物用传统乐器演奏广东地方民间音乐。观众可以一边欣赏展项的混合媒体展示，一边参观装置旁边的外销画作品。多感官体验延伸了观众对外销画内容的想象，加深了观众对广东传统音乐历史的记忆和理解。

（三）画材的调适

　　中国绘画材料有毛笔、墨、丹青、宣纸等，而西方则以油彩、水彩、水粉、画布、画纸等绘画材料为主。从 18 世纪中叶开始，面向西方市场的广州外销画画家逐渐远离中国传统的笔墨纸砚，尝试以油画、水彩画、水粉画等西方画种绘制东方景象。展览第三部分"画材的调适"（图 3-16），按照玻璃画、油画、水彩画、水粉画、素描、版画等六类画种解读广州外销画画家在绘画媒介上做出的创新与调适。

　　《在油画布上画风景画的中国画家》是已知最早表现广州外销画画家在绷了框的画布上作画的作品之一，标志着早在清乾隆年间广州口岸的外销画画家就已经熟练地掌握了架上绘画的技法，对中国早期油画发展史而言有着开拓性的意义。《行商货栈与总巡税馆》（图 3-17）这幅画作应是源自一幅绢本水粉画《广州港和广州府城画》长卷中的一部分。在众多外销画中，绢本卷轴画最为典型地体现了中外绘

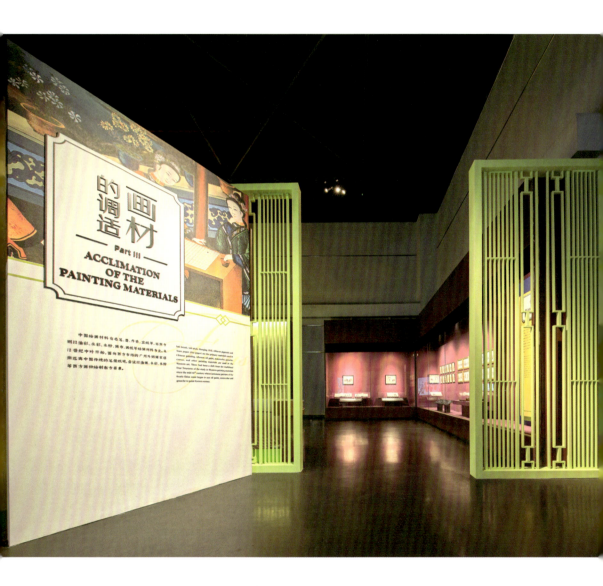

图3-16　展览第三部分"画材的调适"

图3-17　佚名绘《行商货栈与总巡税馆》，18世纪70年代，绢本水粉，广东省博物馆藏

画材料的调适与融合。外销画画家采用的是中国传统手卷画的形式，运用西方明暗、透视等绘画技法进行绘制。据统计，欧美国家收藏类似形式的广州港长卷画共有7件，更多的是以散页形式出现，应是这种类型的长卷画在绘制之后，被分割开来独自装裱，有的多达12帧。[4]

水彩画是近代西方绘画中的常见画种，是用一种透明的水溶性颜料画于纸上的绘画作品。广州外销水彩画形式多样，用通草片、菩提叶、宣纸、欧洲纸等皆可作画，且绘制内容包罗万象，是西方了解中国的媒介。通草纸水彩画绘制在由通脱木茎髓切割成的通草片上，通草片洁白光亮，具有丝绒质感。在中国通草片上用西方水彩颜料作画，着色艳丽、惟妙惟肖，既符合西方审美又极具东方情趣。

通草片是怎样制成的？通草画上的颜色为何历时百年依旧如此鲜亮？通草画为何会呈现像刺绣一般立体的效果？这些疑问不仅是百年前来华贸易的西方人渴望解开的谜团，也是当下我们的困惑所在。19世纪中期，英国人唐宁（C. T. Downing，1811—1873）在《广州游记》中对通草画的绘制工艺和制作过程进行了详细记录，包括选纸、草图、用笔到上色等多个步骤，为我们了解通草画工艺提供了珍贵资料：

> 首先选择一块米纸，纸上污点和破损越少越好，这也决定着画作的价值。画工们有办法修补米纸上的污点和破损，把一小块湿润过的玻璃放在有洞的地方的背面……这样固定好后，就能够从前面把一小块米纸贴在上面，补上了这个看不见的漏洞。
>
> 纸准备好以后，用稍微软化了的明矾轻轻擦拭，他们认为这样有助于吸收颜色。这种擦拭在整个作画过程中会反复地使用。在画作完成之前，上面就有七八层明矾了。开始我并不明白明矾的作用，但是把画作拿到我面前我就明白了，明矾能使色彩保持非常长的时间。

图3-18 通草画制作场景区

　　众所周知明矾不同于大多数盐，不会吸收空气中的水分……经过这样不断地擦拭，几层薄薄的明矾就被放到了几层颜色中间，这样，可以保护颜色免受潮湿的侵扰。因为在阳光照射下，潮湿的空气很快就会破坏画作的鲜艳。由于使用了明矾，中国人没有了这样的担忧，他们展示和搬动画作的方式比我们观察那些非常脆弱和精美的铅笔画时要粗心得多。

　　接下来是上色，一层层上色的过程与画油画有些相似，使用的颜色通常是不透明的，被碾碎了很细致地混合起来。用水把颜料在一个很好的瓷碟上用很好的玻璃胶调制好，加上明矾，再加上足够的胶使颜料黏稠。英国人喜欢用树胶，中国这里的画家则喜欢用胶，画家们时常把胶放在身边保持温度。[3]

　　在展览中，如果我们把整段文字喷印在展厅中，无疑是极其枯燥乏味、令人困顿劳累的。为了揭开通草画的基因密码，我们特别设计了一个通草画制作场景区（图3-18）。通过实物、展板、场景、多媒体等多种方式，全方位地向观众展示通草画的制作过程。场景采用半弧形开放设计，分前景、中景、后景三层布局。前景采用实物方式展示通草画绘画步骤。广州美术学院绘制通草画的老师为我们提供了一组通草画从勾线、上色、晕染到成稿等不同步骤的绘制流程。在场景的后景布置方面，我们将外销画中描绘的砍树、除衣、切纸、晒纸的通草纸生产步骤图像印制在丝绢布上，以3米高的屏风形式展示，增强视觉效果。中景则将通草纸、矿物颜料、画笔、画桌、画凳按照外销画描绘的画面进行实景再现，并与视频解读相结合，为观众深入解读通草画创作的基因密码。

通草画制作场景区融合展板、电视、展品等不同媒介形式，发挥不同媒介的传播优势，从整体工艺到技术细节，全方位解读通草画的基因密码。展板按通草纸的制作过程，用文字和图片分步骤介绍其工艺，便于观众逐步理解通草纸的整体制作工艺。电视通过视频详细讲解通草纸的原料采集、加工制作过程，使观众能深入理解通草纸的加工流程和技术细节。展品以通草画实物的形式，不但证实经过这些工艺制作的通草纸有服务绘画的性能，也向观众介绍了相关的颜料、工具等，还分步骤展示了用这类画材绘制作品的效果。材料和工艺是构成通草画制作的基因，不同媒介用不同的传播方式解码了基因内容，便于观众理解通草画的画材和画技。此场景与周围的通草画展品形成对话，让观众能想象外销画画家绘制画作、制作画材的场景。

（四）构建话题焦点

1839年，摄影术诞生；1844年，法国摄影师朱尔·伊捷（Jules Itier，1802—1877）将摄影术带到岭南。由于绘画和摄影都是记录形象的手段，面对更为便捷的摄影技术，外销画画家纷纷将画室兼作影楼。可以说中国最早的摄影师是由从事外销画创作的外销画画家转型而成的。广州的外销画画家在肖像

SHANG HAE

图3-19 "南祯" 款《上海外滩》，19世纪50年代早期，布本油彩，广东省博物馆藏

画、风景画、船舶画的绘制方面逐渐向照相写实的方向发展，从而忽略了对艺术的创作和对意境的表达，渐趋匠气，这也是广东油画的艺术品质由盛转衰的原因。五口通商之后，广州口岸失去了垄断特权，大批外销画画家前往上海、香港等地谋求发展，盛极一时的广州外销画逐渐成为被人遗忘的历史。在这里我们特别选取了一件 "南祯" 款《上海外滩》布本油画为代表（图3-19）。这幅画作采用宽广的海景构图，细致描绘了上海外滩的风光。画框背部上方有墨书 "南祯" 二字，并附长方形墨印纸质商标一枚，写有 "NAN TING/MARINE, SHIP PORTRAIT PAINTERS AND DAGUERREOTYPE COPIERS/HONGKONG QUEENS ROAD NO.414" 和 "南祯" 中英文组合字体，可知南祯是一位海港画和船舶画画家，也是一位银版摄影临摹师，在香港皇后大道414号开设有画室和影楼。

19世纪40年代起，大批外销画画家逐渐从广州迁移至上海、香港等地开设画像馆，或转行从事新兴的摄影行业。1851年，范廷佐在上海徐家汇创办 "范廷佐画室"，是中国最早的西洋美术教育机构土山湾画馆的前身。1907 年，周湘在上海八仙桥创办"布景画传习所"，讲授西洋画法，后更名为中西图画函授学堂、上海油画院，刘海粟、徐悲鸿等曾求学于此。1912 年 11 月 23 日，张聿光、刘海粟、乌始光、汪亚尘等创办上海美术院，正式拉开中国近代美术史的帷幕。外销画最终因人才的流动、文献记载的缺失、摄影术的兴起以及与中国传统审美大相径庭的价值取向等逐渐衰落，广州外销画画家因而成为被人遗忘的一个群体，广州外销画画家先试先行的西洋绘画技法与画作也在有意或无意间淹没于历史洪流之中。展览最后，我们以李铁夫绘制的一幅布本油彩肖像画收尾。李铁夫，广东鹤山人， 1887—1891 年先后在英属加拿大阿灵顿美术学院和英国皇家艺术学院学习，享有"中国油画之父""中国油画第一人"之誉，是中国近现代油画艺术与民主革命的先驱。展览构建的开放式话题讨论的焦点也由此展开。我们通过展现这段被遗忘的中国早期油画史的面貌，以期和观众一起重新审视中国油画史的开端及其在西方装饰艺术史中的作用和地位。在展览开篇，刘海粟提出，中国油画史的开端可以提前半个世纪，真正的先驱应当是被历史岁月淹没的晚清无名画家林呱等人，这一观点，希望能被美术史家证实。选择李铁夫先生的这件作品放在展览的最后正是对刘海粟的观点的回应。"焦点"展旨在透过视觉艺术全球化的视角，观察18—19世纪广州口岸的文化艺术生态，钩沉众多被人遗忘的无名画家所从事的中外艺术交流活动，阐明中国外销画是全球化历史发展进程中的产物。

　　艺术作品的外销和整个历史大环境脱不了关系。正如江滢河在《清代广州外销风俗画的形成与发展》一文中所指出的，我们可以"从贸易状况、传播渠道、西方文化特点等方面探讨广州外销画产生和发展的历史特点，分析广州外销画作为独特画种，在中西之间不断调适技巧和理念的同时，在不同时期、不同形态的中西因素互动方式，以及在此期间所包含的多重历史内容，使我们审视广州口岸文化形态的形成过程及其特点"。[5]所以，从更宏观的角度而言，"焦点"

展不局限于绘画的呈现，而是企图透过艺术作品构建一个以广州为核心的 18—19
世纪中西文化交流的开放式话题"焦点"，不仅还原一段被忽视的中国早期油画史
的风貌，展示中国画家为适应西方艺术消费者而做的"调适"，更借由外销画重新
审视 18—19 世纪中西方的贸易状况和文化传播渠道等。

二、形式设计：数字化与可及性创新

　　2022 年国际博物馆日的主题为"博物馆的力量"，国际博物馆协会指出 21 世
纪的博物馆拥有巨大的潜力和影响力，可以将世界变得更美好。其中"数字化与可
及性创新"是彰显博物馆力量的重要手段。"数字化创新让博物馆更容易接近和参
与，帮助观众理解复杂且精细的概念。"[6] 无独有偶，在最新修订的博物馆定义
中也提到博物馆"具有可及性和包容性"，"为教育、欣赏、深思和知识共享提供
多种体验"。[7] 由此可见，博物馆不再是单一的信息提供者，而是可对话、可交流、
可参与、可体验的文化传播机构。数字化运用，无疑加速了博物馆的转型升级，"参
与式博物馆"的时代已然到来。如何提升作为博物馆最重要的文化产品——陈列展
览的质量，如何策划符合新时代需求的高质量展览，成为当下每一位策展人思考的
时代命题。"焦点"展的形式设计紧扣"中西方视觉艺术的对话与调适"这一策展
理念，借助数字技术的力量来达到提升展览展示传播效果的目的。
　　展览的数字媒体设计构思的关键语素包括共情、多感官、具身、互动、逻辑等，
具体方法包括：用类比手法引发共情，用多种媒体组合引发多感官体验，用全景式

媒介沉浸体验增强具身认知，用媒体内容、设备与互动操作增强观众与展览的交互性，用富有逻辑的图表来直观表达内容间的关系。设计目的是增强观众观展体验并提升其对内容的理解。

为全面阐释外销画，展览的数字媒体设计需阐明：18—19世纪广州是世界贸易网络中的重要节点，诞生外销画的历史语境，产生这种中西文化交流的视觉艺术的发展脉络，外销画这种混合文化产品对西方的影响，外销画的制作流程、材料特点，等等。通过这样的设计，观众可以体验外销画的历史故事和视觉特点，理解外销画的知识和价值，明白外销画对世界文化的影响和作用。

（一）视觉对话

展览的主题是18—19世纪中西绘画交流。在当时，有很多外国人来中国做生意和旅游观光，因此中国画家为了与他们做生意，学习了西方的绘画技法，并创作了一系列以生活风俗和地域风光为主题的作品。这展现了外销画画家的灵活务实，因为他们能够快速适应市场需求，创作出这种类型的作品，具有"敢为天下先"的创新精神。

虽然外销画为中国艺术在中西绘画交流史上翻开新的一页，但现在的大众却对这段历史所知甚少，认知上的缺失，自然会影响大众对外销画的兴趣。如何吸引观众的关注，成为设计的首要任务。我们希望通过在艺术风格上融合现代元素和现代材料、转化图案、更改配色等设计手法，创新性地转换外销画元素，以吸引年轻观众。

展览的形式设计紧扣"中西方视觉艺术的对话与调适"这一策展理念，重组了代表颜料的多彩线条、代表绘画技法的焦点透视线、代表全球化概念的地球，以及代表画室的店铺商标等视觉符号。通过对比、虚实、立体等设计手法，形成了个性鲜明的艺术风格，精准地诠释了展览主题。展板风格简洁时尚，充分彰显了展品独有的中西艺术融合特性，形式与内容完美融合，达到高度统一。展览希望通过这种创新性的表现方式，使传统元素与现代感相得益彰，为观众呈现一场视觉上的精彩对话。

（二）构建焦点

视觉设计在展览设计中是首要工作，这是因为视觉设计是展览传播和宣传的核心环节，直接影响着观众的第一印象和参观率。吸引人的海报、视觉元素和精美的排版将吸引更多观众的目光，促使他们产生兴趣，提高参观率。同时，视觉设计是将展览信息传递给观众的主要方式。清晰明了的文字、图像和图表，能有效地向观众传递展览的主题、亮点和相关信息。同时，通过互动性的设计元素，如二维码、社交媒体标签等，观众可以更深入地理解展览内容。

视觉设计亦有助于展览建立连贯统一的观展体验，增强展览的辨识度和观众对展览的信任感。最重要的是展览视觉设计还通过色彩、图像和排版等要素，营造展览的氛围，创造与展览主题相契合的视觉感受。这些设计不仅仅是装饰性的，还承载着展览的文化和情感内涵。

为了创造与展览主题相契合的视觉感受，展现展览主题的文化和情感内涵，我们需要对展览主题的艺术风格做深入的研究和梳理，归纳出其艺术特点。18—19世纪的中国外销画，是中国绘画中的一个独特流派，主要是为满足西方市场需求而创作的出口绘画作品。这些外销画在当时成为中国与世界文化交流的桥梁，其艺术特点十分鲜明。

一是融合中西元素。广州外销画融合了中西绘画元素，兼具中国传统绘画的笔法和色彩，以及西方艺术的构图和透视，形成了一种独特的风格。这种融合使得外销画既能满足西方顾客的审美需求，又保留了中国传统绘画的特点。

二是题材多样化。广州外销画的题材非常多样化，主要包括人物肖像、风景、花鸟、动植物等，以及各种场景和情节的描绘。其中，以人物肖像最为著名。为了适应外国顾客的需求，画家通常会根据顾客的要求描绘不同的服饰和背景。

三是色彩鲜艳。外销画在色彩运用上通常非常鲜艳，使用大量的红、黄、蓝等明亮的色彩，以增加画作的视觉冲击力和吸引力。这种色彩鲜艳的特点迎合了西方顾客对亚洲文化的期待和幻想。

四是程式化和标准化。外销画的创作和销售主要是商业性质的，画家按照外国市场的需求和口味，批量生产这些画作。因此，外销画常常在构图和绘画手法上有程式化和标准化的特点。

上述对18—19世纪的中国外销画艺术特点的归纳，为我们后续的设计指明了方向，提供了深度的理论支持和丰富的创作灵感。可以说，做好展览主题的艺术特点梳理，是展览视觉设计成功的关键。

（三）海报设计

展览海报是展览的代表性视觉元素，通常位于展览场馆的入口、大厅或周边地区，是观众进入展览的第一印象。它是展览传播和宣传的核心载体，承载着展览的主题、亮点和核心信息。展览海报使展览的整体氛围和视觉风格得以体现，发挥了吸引观众的注意力、激发观众对展览的兴趣和好奇心的作用。展览海报设计的成功与否直接影响观众是否愿意参观展览，因此展览设计的开端通常从展览海报的设计开始。

展览海报设计的首要目标是吸引观众并提高参观率。为了实现这一目标，需要运用多种平面设计手法。其一，通过引人注目的视觉元素，如大胆的图像、鲜艳的色彩和独特的排版，吸引观众的目光。我们从众多展品中寻找标志性图像，《西方人物风景玻璃镜画》（图3-20）吸引了我们，这是一幅结合中西绘画技法的外销玻璃镜画。玻璃镜画是中国外销西方货品中的奢侈装饰品，曾风靡欧美贵族圈。玻璃镜画的画风细腻、用色明亮鲜艳、人物造型优美，采用了近大远小的透视法将画面分为近景、中景、远景。近景使用了象征手法，以两位女神代表中西之间的繁荣贸易。画作右侧站立的女性是罗马神话中掌管时运的命运女神（Fortuna），她左手持有装满鲜花的丰饶角，象征富饶和丰盈，右手臂搭在象征无常的幸运轮上；画作左侧是一位左手拿着一束蔷薇花，右手托腮，斜倚在花园的石基旁的女性。两位女神之间有一全球化时代的象征——地球仪，上面写着亚洲、欧洲、中国、新荷兰（澳大利亚）和鞑靼等地名。中景处描绘了贸易的场景。左侧的山丘采用了中国传统绘画的山石画法。远景海面上侧倾的三桅帆船，预示着海上贸易的凶险。这些元素与展览主题高度关联，能有效传达展览的内容和亮点。

其二，独特的创意可以让海报更具吸引力。外销画的一个重要艺术特点是画面非常有立体感，这种立体感是怎么获得的？奥秘就在于透视法的运用。我们挑选的这幅《西方人物风景玻璃镜画》正是运用透视法创作的杰作。透视法是一种绘画和视觉艺术中的技巧，用于创造画面或设计作品中的三维空间感和深度。其基本原理是利用平行线汇聚、比例缩放和视点位置等，通过绘制实际空间中的形状和物体，并模拟其在我们视野中的外观，实现在平面上表现三维空间的效果（图3-21）。

我们希望在海报上展示透视法的原理，因为这种方式不但可以点题，而且还能让画面变得非常有趣。我们将画面的重要元素单独勾勒凸显，背景则淡化处理，然后将隐藏在画作里的平行线与消失点等标出，根据画面元素的大小比例反向推敲，

图3-20　佚名绘《西方
人物风景玻璃镜画》，
18世纪晚期，玻璃镜油
彩，广东省博物馆藏

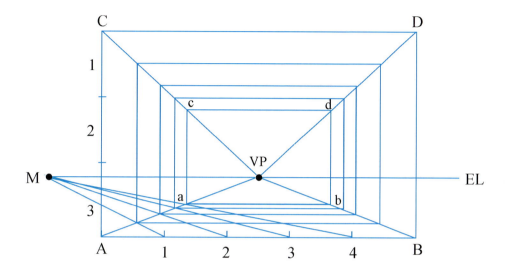

图3-21　透视法线

重新绘制重现，并和画面元素重叠对应，非常直观地展示了各元素如何通过透视法制作出逼真的立体效果。观众就像戴上了一副透视眼镜，画作"真实"的秘密一览无遗（图3-22）。

图3-22　具有透视效果的展览海报

◆ 展标和序厅
◆ 第一部分 画艺的调适
◆ 第二部分 画技的调适
◆ 第三部分 画材的调适

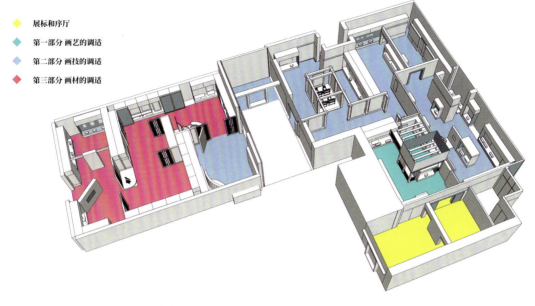

图3-23　空间内容分布

（四）空间与数字化展项结合

1. 展览空间

　　"焦点"展使用了两个并联的展厅，展厅面积分别是630平方米和1000平方米，展线长度达到300米，共展出了130件／组展品（图3-23）。

（1）采用主题区域布局手法

　　将展览空间根据展览内容分成三个区域，每个区域根据展览内容都有不同的展示主题，如外销画商铺、画室、十三行码头、英国庄园卧室、绘画工作坊和东方幻象。通过对每一部分内容的剖析和提炼，为观众设计代表性的场景主题，让观众有身临其境的体验，从而更深入地理解展览内容，并留下深刻印象。

（2）充分利用空间优势进行设计

广东省博物馆建筑采用悬吊式钢框架结构，能有效减少建筑内部承重立柱，从而极大地扩展了设计师的发挥空间，展陈空间可利用高度达 6—9 米。我们充分利用好这一优势，设计出本馆的独有展览体验。

（3）着重参观舒适性设计

展出画作类别丰富，有油画、通草画、水彩画、水粉画、玻璃画等，展品尺寸在 20—200 厘米之间。在展品的位置安排上，我们把展品的间距有意拉大至展品尺寸的 1.5 倍以上，参观通道宽度不低于 2.5 米。考虑到观众在观展时可能会感到疲劳，我们在适当的位置安排了休息座椅。我们想为观众提供更疏朗的参观空间，让观众在宽松的参观尺度下细品展品。

2. 展览的色彩

色彩的选择，是反映展览的主题和情感的重要手段。不同的色彩可以传达不同的情感和氛围。明清时期，外销画在色彩运用上通常非常大胆，使用大量的红、黄、蓝等明亮的色彩，以增加画作的视觉冲击力和吸引力。这种色彩鲜艳的特点迎合了西方顾客对亚洲文化的期待和幻想。参考外销画的用色特点，两个展厅分别使用不同的配色方案：一个展厅运用芽白、海蓝、柳绿、棕黄等色彩，辅以丰富的感官交互体验，营造出富有岭南商贸气息的快节奏氛围；另一个展厅运用黛紫、玫红、栀子黄，辅以通透的格栅、如烟似雾般的绢幕隔墙，呈现西方人心目中的东方幻象（图 3-24）。

图3-24　展览色彩（部分）

3. 展标与序厅

　　展览的展标与序厅设计，视觉特点鲜明，富有时代感，媒体与展示设计的组合能将观众快速带入历史背景，并使其意会展览的"焦点"主题。

　　增强传播属性，是展标设计考虑的重要因素。我们想让展标成为一个打卡点，通过观众的主动分享，在朋友圈快速传播，成为朋友之间的话题焦点。

　　展览的展标设计概念来自透视法，与海报设计概念一脉相承。我们需要打造一个具有透视要素的展标，而使用玻璃材质可以很好地实现这一想法。我们将展标变成一张透明的画布，所有的展览信息都粘贴在玻璃表面，宛如飘浮于三维空间之中，同时象征空间透视辅助线的彩色线条汇聚到展标的视觉中心，形成了整个展标的焦点。展标创意独特、形式新颖、色彩艳丽丰富、玻璃材质通透清爽，整体设计极具时尚感，深受年轻人的喜爱，成为看展必打卡的地方（图3-25）。

　　穿过展标，进入序厅部分，序厅同样是围绕着透视法概念进行的设计。序厅在布局上采用二进式设计，其目的是通过空间分割形成一个递进式的叙事性空间。序厅第一个空间的设计类似于冥想室，四周墙面十分素净，没有多余的装饰设计，所有的目光和灯光都集中在中央墙面上的一个"小孔"，这一"小孔"通过不同的图像组合会有不同的解读。"小孔"与其四周的线条组合，可以理解为透视线的消

图3-25 展标

失点；"小孔"与其上方"这是一段曾经被人遗忘却一直延续至今的故事"的文字组合，就成了一句话的标点符号，这也是故事的起点（图3-26）。这个"小孔"其实还是小孔成像的进光孔。小孔成像是18世纪的发现，这一发现对透视法在艺术绘画上的应用起到了极大的推动作用。成像原理是当光线从不同方向传播并通过小孔时，它们会交汇在背后的平面上，形成一个放大的图像（图3-27）。在这个屏幕上，我们通过动态投影的方式代入展览主题。投影机的光束正是通过这一"小孔"投射出一段以海洋、帆船、广州十三行、外销画室等图像为主打元素的动态视频（图3-28）。图像配合海水击岸的波浪声、木船摇曳的咯吱声，引发观众对历史意象的多感官体验，使其自然而然代入全球化贸易的大航海时代中，一场外销画的艺术体验之旅也就此拉开了序幕。

这是一段曾经被人遗忘
却一直延续至今的故事

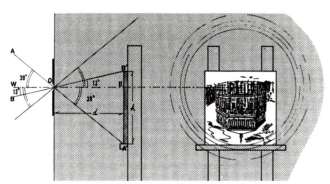

图3-26　序厅"焦点"设计（上）
图3-27　序厅小孔成像原理（下）

图3-28　序厅投影区

4. "廷呱画室"裸眼3D展项

　　展览的第一部分是"画艺的调适"。该部分通过对三组中西方代表画家作品的并置对比，直观地展示中西绘画在主题、风格、技法上的相互影响。空间设计则采用"外销画室"的概念。我们利用展厅超高层高的优势，在展厅里搭建1∶1的清代外销画室（图3-29）。外销画室是布景装饰，它位于展线通道上，是一个可以走进去参观体验的场景。画室总高6米，分上下两层：下层为销售店面，参照商铺形式陈列展品，使观众像前来买画的顾客，边看边挑，有身临其境的感觉。上层为工作坊，我们创造性地将裸眼3D技术引入展览，创作了一段3D数码动画，再使用投影投射到二楼的两面屏幕之上。动画的内容是廷呱画室的一天，画室内的布置参考了现存的《廷呱画室》作品。动画生动地再

图3-29 "廷呱画室"场景

现了当时外销画画家廷呱的画室布置以及画工的工作状态。画室的窗户上方挂着"TINGQUA"的醒目招牌，墙上密密麻麻地挂满了作品（图3-30），包括中国风景画、行商肖像画和仕女画；三个画工在靠窗的桌子上各自作画，廷呱时而上前指点，时而与楼下的观众互动打招呼。动画制作精美，立体效果出众，让整个画室场景鲜活再现。

"廷呱画室"裸眼 3D 展项通过运用空间类比引起观众对历史背景的共情，在展览第一部分的入口，用沉浸体验方式将观众带入 18—19 世纪的广州十三行历史环境，开启外销画的艺术体验之旅。在历史上，廷呱画室开设在十三行的骑楼建筑里，建筑和室内设计是典型的广府风格。该展区设计运用抽象造型模拟作画的环境，通过画室实景结合裸眼 3D 动画构建广府风格环境，阐释诞生外销画的社会环境。展

图3-30 佚名绘《廷呱画室》，19世纪，纸本水粉，Martyn Gregory 画室藏

厅内 6 米高的画室基本 1：1 还原常见的骑楼建筑环境，使观众从平视角度看到外销画展品，仰视望见骑楼二层的工作坊，从感官体验到肢体运动形成观众对画室场景的具身体验，引起观众对历史背景的共情。

运用空间类比引发历史背景共情是从展览形式上构建"焦点"——聚焦外销画历史。与常见的裸眼 3D 采用成角透视（两点或三点透视）不同，鉴于展览入口空间尺寸和导流观众的设计要求，"廷呱画室"裸眼 3D 动画采用的是正面透视（以一点透视为主），让观众分别在裸眼 3D 装置的正面和侧面来欣赏作品

图3-31　"廷呱画室"裸眼3D装置的正面（右图）和侧面（左图）动画内容

内容（图3-31）。在三维软件里的虚拟摄像机高度与普通观众的身高基本一致，保证渲染的成片投影到展览现场裸眼 3D 装置投影面上，使观众仰望"外销画室"与仰望真实骑楼二楼的视角基本相同。两个投影面用正面透视引导观众观看廷呱和画工在画室里的工作，使观众的注意力聚焦于外销画的创作背景，在空间类比中共情历史。

5．"外销画画家扮演体验"装置

在展览第二部分"画技的调适"肖像画单元板块中，为了呼应主题，我们设计了一个能让观众代入角色的绘画互动场景——"外销画画家扮演体验"装置（图3-32）。这个场景以廷呱画室为蓝本，布置了画桌、画架。观众可以拿起毛笔蘸上颜料，扮演画家，也可以扮演肖像模特，最后通过场景的拍照分享功能，把经过油画特效处理的照片分享到网络上，满足观众的记录和展示需求（图3-33）。

"外销画画家扮演体验"装置，通过模仿舞台的灯光效果展示外销画画家绘制人物画的场景，让观众以互动的方式理解外销人物画的构图、布光、色调和绘画之

图3-32　"外销画画家扮演体验"装置（上）

图3-33　观众扮演外销画画家（下）

间的关系。挂在展墙上的画框，让站在画框后面的观众成为人物画的模特，观众的位置、姿态、动作和表情决定了画框里的人物构图和造型。位于画架上方的射灯以大约 60 度的角度照向画框，这种布光方式塑造了画框里模特的光与影，使其形成与外销人物画相近的画面效果。装置的灯光使画框里的观众与其身后的背景产生鲜明的明度对比，从而形成与外销人物画类似的色调。装置为观众提供了画布、工作台、画笔和颜料，观众可以模拟外销画画家作画。装置采用模仿舞台灯光效果的顶部打光，把展区照射出舞台氛围，将装置与参观路线区别开，也使参与的观众成为其他观众眼中的"外销画画家"和"模特"。

6. "中国风庄园卧室"展项

《清乾隆农耕商贸图外销壁纸》是广东省博物馆收藏的国家一级珍贵文物，一套 12 件，高 3 米，总长度约 13 米，面积近 40 平方米，是目前中国文博界收藏的唯一一套画面连贯完整、存世较早、尺幅最大的手绘外销壁纸实物。这套壁纸虽然每幅题材不同，但拼接起来可以构成一组完整的水乡稻作、茶叶贸易的广州风土人情写实画面。更难能可贵的是，这套壁纸的购买者及其当时所从事的商贸活动均有确切的文献记载，与英国约克郡哈伍德庄园关系密切，具有极高的史料价值，是早期中英商贸文化交流的重要历史见证。

出于保护文物考虑，我们决定不展出《清乾隆农耕商贸图外销壁纸》实物，而是采用数字化方式展示壁纸。相比实物展出给观众的真实感受，数字化展示的优势是能够给予观众更鲜活的历史回忆体验，使其更深刻理解文物的文化内涵。此展项的难点在于表现 18 世纪英国庄园卧室中的中国风壁纸，让观众了解这件国宝如何通过海上丝绸之路与世界交流中华文化。

为了更好地解读这套壁纸背后蕴含的丰富历史文化内涵，生动再现 18 世纪哈伍德庄园里的中国风卧室，我们决定设计"中国风庄园卧室"展项（图 3-34），重点还原《清乾隆农耕商贸图外销壁纸》在哈伍德庄园卧室里的效果，并讲述壁纸的

图3-34　沉浸式体验——"中国风庄园卧室"展项

创作、运输和粘贴的历史故事。我们先通过数字技术对这套《清乾隆农耕商贸图外销壁纸》进行了修复，修复后的画面内容更为连贯完整；实物存在的破损、污渍、脱色现象均参照当时的笔法，进行了细致的修复。数字化修复完成后，为了让观众看到这套壁纸的实际装饰效果，我们又参考了壁纸所在哈伍德庄园房间的室内装饰，设计了一个多媒体交互体验的空间。我们使用七台高清投影机进行环抱式投影，以数码的方式把壁纸投射到卧室的四面墙上（图3-35）。根据观众的实际观赏视角，我们从壁纸中选取 20 个人物、风景等图像制作成木偶风格动画，动态呈现 18 世纪的广府风貌和人们生产生活的场景。为让观众充分了解这套壁纸是如何生产销售，如何漂洋过海来到哈伍德庄园，壁纸工人又是如何将这套壁纸粘贴上墙的，我们在展厅沉浸式体验的交互空间内，又特别设置了三段动态图形动画（motion graphics animation，简称 MG 动画），再配以音乐、声效和旁白文字，为观众带来丰富的观感体验的同时，也增强了对展品的阐释解读效果。

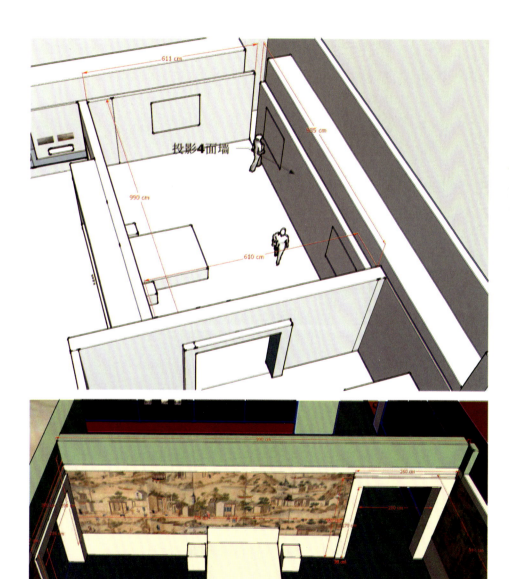

图3-35　"中国风庄园卧室"展项空间设计

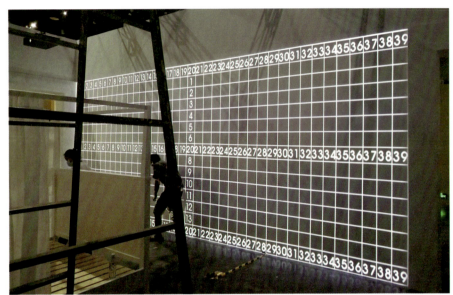

图3-36　"中国风庄园卧室"展项现场投影融合（上）

图3-37　"中国风庄园卧室"展项投影调试后的效果（下）

　　"中国风庄园卧室"展项发挥了数字化展示的灵活布展、活化展览效果的优势，通过模拟的手段让观众领会了中国风壁纸在哈伍德庄园卧室里的场景效果，采用投影壁纸图像 1 : 1 全景展现了壁纸的画面内容，并用动画讲述了壁纸里的故事（图3-36）。此展项用虚拟投影画面结合实物陈列的模式表现壁纸在卧室里的场景。虚拟投影与实物造景相济，投影内容为实物提供背景和故事，实物为投影空间提供实体和质感，以互补的方式增强观众对壁纸在空间里的效果体验。用投影壁纸图像代替展示壁纸原物，不但保护了纸质文物，而且能更灵活布展。为展示壁纸融入 18 世纪英国庄园卧室的过程和结果，此展项在与哈伍德庄园东卧室基本等大的展厅空间里，依照实景，用虚幻引擎软件 1 : 1 "重建"了卧室四壁以及窗户、壁炉和家具等，构成卧室意象空间（图3-37）。然后把数字化修复完整的《清乾隆农耕商贸图外销壁纸》，按照卧室实景分别"贴"在虚拟墙壁上，全景还原了中国风壁纸与西方家居结合的视觉效果。为了加强对当时在此卧室中的日常生活以及壁纸内容、历史故事的阐释，展项设计了相关动画并投影在墙面展示。例如，庄园主人在卧室活动的 MG 动画，表现了西方人在中国风壁纸装饰的卧室里的生活场景；壁纸里的人物的木偶风格动画，鲜活阐释了壁纸画面内容表现的 18 世纪中国人民的日常生活；分别表现英国商人采购、运输、粘贴壁纸的三段 MG 动画，讲述了壁纸的创作、海运以及粘贴在卧室的故事。

　　此展项用全景式媒介沉浸体验增强了观众对壁纸空间的具身认知，让观众更加理解外销画作为混合文化产品，为中西方视觉艺术调适、中西方文化交流做出的贡献。观众通过全景式投影空间，身心沉浸地体验了装饰着中国风壁纸的英国卧室，形成对中西方文化融合的 18 世纪英国家居生活的认知。具身认知让观众体会了富有"中国趣味"的欧洲时尚，理解了"广州制作"的外销产品对中国与世界交往做出的贡献，明白了外销画的艺术、文化和历史价值。

　　此外，这个沉浸式交互体验空间，一方面具有引导展线的作用（图3-38），另一方面也有助于缓解观众在观赏了第一部分和第二部分众多展品后产生的视觉疲

图3-38　"中国风庄园卧室"展项的展线引导功能

劳，沉浸式的交互体验可以再次调动观众的观展情绪。

7. 可触摸的玻璃镜画

考虑到特殊群体的观展需求，我们还特别制作了可触摸的互动展品。我们选取《西方人物风景玻璃镜画》这件代表性展品，进行细致的3D建模（图3-39），再进行8K红蜡高精度3D打印，得到了一幅A3大小的树脂立体画（图3-40）。视障人士可以通过双手感触画面的构图、人物的服饰细节，从而享受艺术的熏陶（图3-41）。

《西方人物风景玻璃镜画》3D打印画作作为一种服务展览阐释的媒体，运用媒体感官类比的方式，通过观众触摸互动，将玻璃镜画的视觉内容转译为触觉体验，让特殊群体认知玻璃镜画的内容。

图3-39　《西方人物风景玻璃镜画》3D打印画作触摸体验设计稿（上）

图3-40　3D打印可触摸展品的制作步骤（下）

图3-41 观众体验3D打印可触摸展品（上）

图3-42 照明设计实施方案（下）

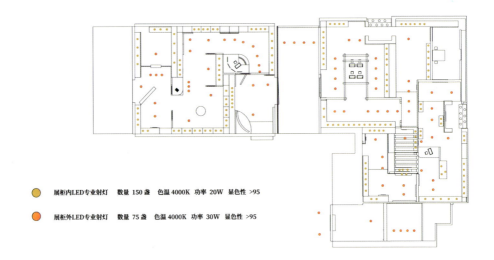

🟡 展柜内LED专业射灯   数量 150 盏   色温 4000K 功率 20W 显色性 >95

🟠 展柜外LED专业射灯   数量 75 盏   色温 4000K 功率 30W 显色性 >95

8. 兼顾艺术性、舒适性与安全性的灯光设计

展览施工、制作需要注重品质和细节，展览设备、技术也应以追求高品质和安全为目标。在灯光设计上（图3-42），我们依据每一幅画作的类别、大小，精心规划展示空间、观看距离和角度，并以无眩光的光照环境，让观众的视线聚焦在画作本身，形成最佳的绘画作品观赏环境。灯光设计师对每一幅作品都进行了专业调光，以确保艺术品在最佳的照明下展示出其细节和色彩。高品质定焦LED射灯，其出色的光晕均匀地照亮展品，避免有过多的阴影或明暗差异，影响观看舒适性。照度也严格按照文物保护的标准，油画类展品控制在150lux以下，通草画、水彩画等纸质展品控制在50lux以下。适当的光线强度能充分展现画作细节，同时也能避免画作受到光线伤害。我们选用4000K色温暖色调光源，使画面表现更富有情感。

9. 重视可读性与舒适性的人体工学设计

在人体工学方面，着重可读性与舒适性设计。画作摆放高度与视线平衡，并使用墙体外加模块调节观看距离，即便尺寸是20厘米×30厘米的画作，观看距离也能保持在30厘米以内，确保观众能看清楚作品的每一处细节。说明牌设计着重考虑可读性，其尺寸长80厘米、宽40厘米，可视面积和内容文字字号都比传统说明牌的大。在文字信息接收方面，老年人也能轻松阅读。此外，我们还专门设计了30度斜面说明牌支架，摆放在画作前方，与画作上下对应，各擅其职，互不影响（图3-43）。同时，画作背景采用纯色色调，以确保颜色不会分散观众对艺术品的注意力。

10. 设计和施工无缝衔接

形式设计和施工制作之间的无缝衔接是确保一个展览项目成功的关键。在开始施工之前，设计师与施工团队对施工项目的每一个细节都进行深入沟通，以确保

图3-43　说明牌支架设计

设计方案在施工过程中是可行的。展览的施工制作是一项复杂的系统工程，程序繁多、专业性强、涉及面广，如室内装饰、版面喷绘、灯光照明、多媒体软件和硬件开发、场景模型与互动展品制作等都需要由不同的专业公司分工进行。设计师与施工团队讨论设计方案的可行性与技术性问题，确保施工团队了解设计师的期望与要求，促使设计方案得以顺利落地。此外，要保证展览的科学性与艺术性、制作工艺精良、工程造价合理，还需要有规范的施工管理制度对施工制作的全过程进行有效监管，这包括对施工进度、施工方案、人员配置、建材选用、安全保障措施、质量保障措施、施工现场维护、环境保护措施等各方面工作的监督管理。设计师与施工管理人员一同在施工现场监督工作，可以确保施工按照设计的规格和质量标准进行，及时解决施工过程中出现的问题，并可以协助应对突发的设计变更问题。设计师与施工团队之间有效的沟通机制，确保了展览空间与展览内容之间的完美结合，二者相互呼应、相得益彰，为观众营造了舒适、安全、富有艺术感染力的参观环境。

三、教育项目：阐释与互动并重

博物馆是公共文化服务体系的重要组成部分，博物馆教育应围绕博物馆的性质与功能展开。博物馆可以让我们的社会更坚韧、人民更团结，可以对公众心理健康和福祉产生积极影响，可以极大拓展与教育之间广泛紧密的联系，可以成为受到社会公众高度信赖的公共机构，可以与科技深度融合并提供新的文化交流生态。[8] 博物馆定义的第九次修订提到，"博物馆是为社会服务的非营利性常设机构，它研究、收藏、保护、阐释和展示物质与非物质遗产。向公众开放，具有可及性和包容性，博物馆促进多样性和可持续性。博物馆以符合道德且专业的方式进行运营和交流，并在社区的参与下，为教育、欣赏、深思和知识共享提供多种体验"。[9] 在博物馆众多功能中，较大的转变是以"阐释"替代了"传播"。将"传播"（communicate）改为"阐释"（interpret），使博物馆从给出预设的正确答案，即"传达事物的知识或信息"，转向侧重于观众对事物的"解读或解码"。[10]

每个博物馆的观众类型各有特色。即便是同一个博物馆举办的不同类型的展览与活动，所吸引的观众也不尽相同。公众调查分析是博物馆了解观众、汲取建议、

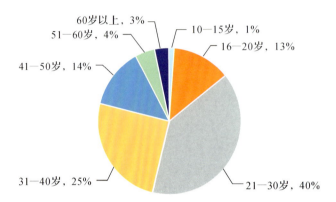

图3-44 受访者年龄分布（线上+线下）

提升服务的最客观、最直接的工作方法之一。在以广东省博物馆往期公众调查分析数据为参考的基础上，"焦点"展特设专项公众调查，为展览各项工作的策划与实施提供了更有针对性的参考信息。

"焦点"展在 2022 年 7 月 12 日—7 月 22 日和 2023 年 1 月 13 日—2 月 28 日分别开展了"展前"和"展中"两次观众调查，此外在两项手机端互动游戏中分别设置了留言栏和问卷调查。其中，展前调查利用了互联网调查的优势，辐射范围较广，664 份展前调查样本包含了线下和线上两类人群，展中的调查针对来博物馆参观的观众，在展厅内采用了问卷调研和观众观展行为记录两种形式，分别收集观众行为记录样本 50 份和问卷样本 620 份。

在展前和展中的观众调查中，一年内参观广东省博物馆三次以上的观众占比分别为 44.03% 和 51.81%，可见具有参观经验的观众占比不小，且调查结果对于了解广东省博物馆忠实观众具有参考意义。展前调查分析发现，展览的潜在观众群体的主要年龄层为 16—50 岁（图3-44），可见教育策划的目标年龄设置至少需要具有向上兼容的特点。纵然 33.73% 的观众有视觉艺术、美术相关从业经历或知识背景，但仅 4.67% 的观众表示非常了解外销画，46.08% 的观众对外销画有一些了解，24.25% 的观众听说过外销画但不太清楚是什么，22.44% 的观众完全没听过外销画，2.56% 的观众为不确定。在观众最想了解的内容中，位居前三的分别是：80.27% 的观众想了解外销画出现的历史背景，76.51% 的观众想了解外销画对欧洲"中国风"艺术风格的影响，65.21% 的观众想了解外销画对欧洲绘画的学习和借鉴。可以看到，至少 49.25% 的观众不清楚外销画是什么，但仍有兴致；外销画的历史背景是观众最想了解的内容之一，可见这段文化的阐释与传播任重而道远。

观众在展厅参观的行为偏好也是博物馆工作的导向。"焦点"展的展厅入口摆放了纸质版导览手册，有 49.52% 的观众使用了纸质版导览手册，因为有纸质版展览手册可以更方便地观展。入口处还提供了"数智焦点"二维码，有 24.52% 的观众使用了导赏微信小程序；有 21.94% 的观众选择人工讲解，因为他们认为人工讲解比较细致。从收集到的 620 份问卷中，我们获取了 281 个建议，其中大多数观众在观展后希望增加讲解员和讲解场次。

在展前针对教育活动形式方面的调查中，有 81.33% 的观众对展览导赏感兴趣，有 45.93% 的观众对线下教育活动（馆内）感兴趣，有 45.03% 的观众对专题讲座感兴趣，有 39.01% 的观众对线上活动（视频、游戏、答题互动等）感兴趣，有 25.00% 的观众对线下主题活动（馆外）感兴趣。在展中的相关调查中，七成观众对举办"外销画"相关的教育项目（如《爱粤读》《学习纸》，"万物为纸""呱呱找不停""东方彩韵"）有参与兴趣，可见展览团队策划的活动主题或形式对目标观众群具有一定吸引力。

围绕"中西方视觉艺术的对话与调适"的策展理念、"大湾区文化"的展品属性和"学术粤博"的发展规划，展览教育组从加强文化阐释与提高公众参与度出发，以"绘画艺术欣赏体验""广州地域历史文化特色""大湾区风物"三个维度，面向青少年观众群体，策划了丰富多元的原创教育互动体验项目。通过公益讲解服务、公益拓展读物、公益教育活动、学术活动等展教结合的形式，结合数字化、互联网技术，以期增进人们对于 18—19 世纪这段广州历史的了解与文化归属感，共同见证粤港澳大湾区自古的历史渊源和现今的文化联动合作。展期内，广东省博物馆共推出原创教育项目 24 项 258 次，辐射超 13.648 万人。

（一）《爱粤读》——认知关联式的阐释

调查问卷中提及的展厅入口摆放的免费纸质版导览手册是广东省博物馆的品牌拓展阅读材料——《爱粤读》（图 3-45）。《爱粤读》的目标读者是中学及以上学历、有一定阅读能力、需要了解展览的公众。因不受展览展线、展品分布和版面字数的限制，《爱粤读》能够创建一条新的逻辑支线，辅助释展。"焦点"展以刘海粟的一段话为引子，旨在构建一个话题的焦点和讨论的焦点，钩沉一段被遗忘的中国早期油画史面貌，重新审视中国油画史的开端及其在西方装饰艺术史中的作用和地位。这是一种借名家名言引发提问的启迪方式，让观众带着疑问观展，引人入胜。展览分为"画艺的调适""画技的调适""画材的调适"三个部分。在第一部分"画艺的调适"，观众将看到西方绘画通过宗教、政治和商业三条途径传入中国，看到"新体画"和"外销画"。展览第一部分"画艺的调适"，由"钱纳利与林呱""毕仕达与顺呱""屈臣与煜呱"三个板块构成，讲述英国画家钱纳利在中国华南沿海确立起"钱纳利风"的艺术流派。[11]

人们只有具备与正在学习的东西相关的知识时，才能将新信息与先前知识联系起来。[12] 人们已具备的先前知识是影响长期记忆储存的最重要的认知因素之一。对于缺乏相关背景知识的观众，进入展览后会对"刘海粟""新体画""外销画"及其他专有名词感到疑惑不解。为了满足不同认知层观众的需求，《爱粤读》

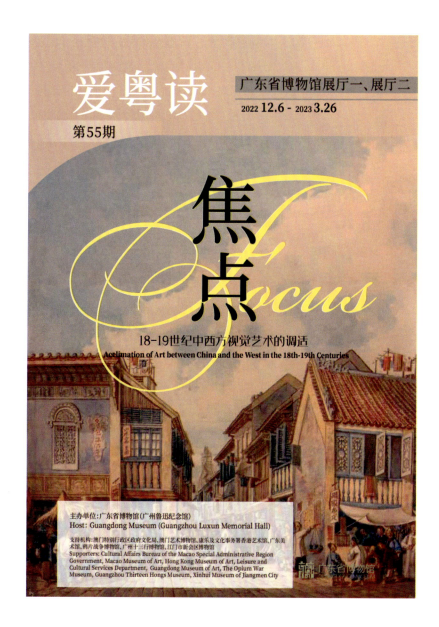

图3-45　《爱粤读》封面

开篇将"外销画"与广州本土的历史地理背景建立联系并进行阐释。在第一板块"漂洋过海"中，以"广州，自古是海上丝绸之路的重要口岸。1757 年，清乾隆皇帝颁布了'一口通商'的谕令，广州迎来了历史上的辉煌时代，成为中西方商贸、政治、文化交流交汇的'焦点'"与观展城市、展览主题进行呼应，而后引出广州历史中的"十三行"，阐明"十三行""行商""商馆"的概念，提出"外商如何抵达十三行商馆""吸引他们远洋而来的，又是怎样的历史风貌呢"的疑问，并结合展品中对应的风景画，构建外商船只经由澳门、虎门、黄埔锚地、广州十三行商馆的历史风景和行驶路线，并阐明每个地点的历史功能，构建历史画面感。例如，"澳门是外国商船来华贸易的第一站。商船在这里向清政府申请贸易许可，获准后由一名持有官方牌照的引水员（领航员）引领进入珠江河道。当时清政府对外国人设定严格的管理规定，如船上的外国女士必须下船，暂居澳门"，而后阐明外销画和外销画画家的概念和曾经外销画在欧洲风靡一时的历史背景，解决观众"听说过，却又不清楚是什么"的问题。

第二板块"中西交融"不直接解答什么是中西方视觉艺术的调适，而是以一幅馆藏的传统中国画与外销画展品进行对比，引导观众从绘画理念、画材、用笔、用色、取景构图、透视、装裱方式等角度观察并分析，由观众自己找到传统中国画与西方绘画的差异，感受外销画中的中国元素与西方元素。内容涉及细节的解读，如：玻璃画不同寻常的作画步骤；显微镜下通草纸与宣纸的细胞形态的对比，从通草纸生物特性的角度理解通草画独特的艺术效果。《爱粤读》将画家的介绍及其作画风格、特色融入精选的展品解读中。

《爱粤读》末页的"精英荟萃的朋友圈"，围绕"钱纳利"的人物画像，以精简的图文展示与之有关系的广州十三行知名外销画画家、十三行著名行商等展览主线中能见或未能见到的人物，凸显了"钱纳利"的核心地位。在《爱粤读》的末页既有展览的教育活动、讲座信息，又有供观众集展览印章之处，还有一张引导观众从第一个展厅走向第二个展厅的展览布局示意图。

（二）《学习纸》——问题驱动式的阐释

　　针对注意力有限因而有自由观展需求的小学生、中学生，我们分别设计了小学版和中学版的《学习纸》。驱动性问题是从一个需要解决的问题开始学习，其是项目化学习的六大关键特征之一。[13]《学习纸》基于中小学生不同的认知水平进行设计，引导他们带着解决问题的思路，在展厅观察文物、获取信息、探索展品背后的故事。

　　小学版《学习纸》注重考察观察能力、信息获取能力和推理能力。通过 6 个问题、14 张配图，让小学生了解外销画的历史背景，观察通草画、商业街的人与景、珠江的特色船只。例如："今天，我们可以通过互联网向亲朋好友分享旅途中的风景。假如你是一位两百多年前来到广州十三行的外国人，你会优先选择以怎样的方式向家人朋友更形象地介绍中国呢？　A. 讲给他们听；B. 找画师画一幅画；C. 找摄影师拍一张照；D. 写信寄回家乡。"参考答案是 B，其解读是："由于单纯的口头讲述、文字表述都不够生动形象，摄影技术也尚未普及（1844 年，摄影术开始传入中国），因此优选 B。外销画是当时受到外国人喜爱的'纪念品'，外销画画家会根据外国顾客的需要绘制画作。"小学版《学习纸》通过阅读、测试，转换了部分表达方法，并对关键文字进行了拼音注释。

　　中学版《学习纸》包含了中文文献阅读和英文阅读。通过 6 个问题、6 张配图，引导中学生进行较深度的思考或推理，从历史文献、外销画藏品正面或背面提取信息，了解外销画的历史背景、外销画画家的艺术特色、外销画画家的行业转型，思考历史对于贸易的影响，打开古为今用的思路。例如，"思考题：百年前，广州的外销画画家用包容的心态与精湛的画技使得外销画成为一张闪亮的东方明信片。如今，粤港澳大湾区是中国开放程度最高、经济活力最强的区域之一，且有着灿烂多彩的优秀传统文化。想一想，我们应该如何使粤港澳大湾区文化更好地'走出去'？"

图3-46 "行走广州——重返'十三行'"活动合影

（三）行走广州——身心参与式的阐释

博物馆教育的目的十分多元，并非单纯的知识传播。学习并非总有目的性，有时候，我们在无意间就学到了。学习不仅涉及智力，还涉及情感和身体（体验）。

研究数据显示，积极的身体参与能够使人获得愉悦感、知识和自信的增加。为了加深观众对于这段历史的感知，展览教育组策划了"行走广州——重返'十三行'""行走广州——花城·绘"两项户外活动。

在"行走广州——重返'十三行'"活动中（图3-46），教育员引导20个观众来到广州荔湾区的老城区，走过英格兰桥，穿梭于沙面建筑群，途经粤海

图3-47 "行走广州——重返'十三行'"邮寄定制明信片

关大楼、珠江畔，走过人民路的骑楼，再走到十三行路和文化公园；教育员一边分享这片土地的历史，一边带观众欣赏"中西合璧"的古建筑艺术特色，在如今市民快步往来的路上，找寻商旅云集的城市记忆。活动还提供了特别定制的展览明信片。观众纷纷寄情笔尖，在途中找到充满旧记忆的邮筒，以最贴近过去邮政通信时代的方式投寄明信片（图3-47）。活动行程全长大约五公里，持续了半天的时间。虽然该活动在展期内仅举办了一场，但具有延续价值和可重复操作性，因此在展期后的暑假及其他时间仍将继续开展。

在"行走广州——花城·绘"活动中，美术老师带着20个观众走过广州新城区现代化的中央商务区。观众在老师的指导下，拿起画笔，观赏着标志性的"小蛮

图3-48　"行走广州——花城·绘"观众作品

腰"、花草树木和富有文化艺术氛围的博物馆、图书馆、大剧院，将今日的广州风情绘于纸上（图3-48）。绘画类型选择了兼具写生和多彩视觉效果的钢笔淡彩，呼应外销画焦点人物"钱纳利"擅长的速写。为让绘画基础不一的观众能够无负担地参与其中，展览教育组既准备了几款线稿，也提供了空白水彩纸，让观众在身心沉浸的绘画创作中，体验艺术与生活的美好，体会创作的精神。有的小朋友画了一幅又一幅，一直画到活动结束。为让更多观众拥有参与活动的机会，展览教育组以"花城·绘"的教学为素材录制了线上课程。观众可来博物馆免费领取线稿，回家跟视频学习、创作，参与线上的"东方彩韵——明信片赋色活动"。

（四）讲解导赏——呼声最高的阐释

展览讲解导赏是最经典、与展线结合度最高的诠释方式之一。调查结果发现，这种形式深受观众的喜爱。讲解员与观众共同面对同一时空的展品，进行交流、互动，是其他形式难以替代的。展厅的三维空间、文字、展品等环境与信息，容易让普通观众感觉既新奇又陌生。展览讲解导赏能够指引清晰的参观路线，解读展览结构，引导观众观察、理解展品和展陈。讲解员不仅能随时为观众答疑解惑，而且其口语化的表达能让观众更容易理解展览。为避免信息爆炸，展板上的文字要求精简且符合展陈艺术视觉需求。讲解词是在大纲文本的基础上，通过观察文物、查阅文本资料，对重点、难点的历史文化背景进行挖掘、丰富的结果。讲解员在讲解的过程中，将根据观众的现场反馈进行表达、沟通，并有侧重地引导观众。

广东省博物馆特别开设了一场内部专场导赏培训，并组织了三场由策展人主考的讲解考核以保障讲解质量。在考核过程中，我们发现有个别优秀的志愿者结合自己的经验和文献资料搜寻，成功拓宽了部分展品阐释的角度，增添了讲解素材。最终，广东省博物馆从常规志愿者讲解团队中招募了 19 位志愿者，其中 17 位志愿者通过考核并为公众提供了免费的导赏。招募社会志愿者担任讲解员，不仅为广大公众提供了服务，也增进了身为公众的志愿者与博物馆的深度沟通、良性互动与资源互通。展览提供了共计 123 场的免费讲解，只是对于数以万计的到馆观众和未能来馆的潜在观众而言，人工讲解的辐射力度有限。因此，展览还提供了"数智焦点"二维码手机端导览和线上策展人云导赏，以响应《国家文物局关于进一步提升博物馆讲解服务工作水平的指导意见》提出的推出多样化的自助讲解方式，为观众提供便捷多样的讲解服务的要求。

图3-49   "艺术共创，开启2023"海报

（五）跨界合作——"广泛参与+多元阐释"

　　为了实现更广泛的公众参与、更多元的阐释，广东省博物馆注重与文博单位、社会机构、高校组织合作，实现资源互通利用。广东省博物馆和高校共同举办"艺术共创，开启2023"活动（图3-49），通过提取展览文物元素，创作系列故事，邀请观众共同参与艺术创作。

　　通过深挖通草画、菩提叶画和玻璃画的艺术特色，我们策划了"万物为'纸'——外销画体验系列活动"（图3-50），特别邀请广州美术学院附中张静老师指导观众运用当代美术材料，在不同的"画纸"上作画，体验万物为"纸"的乐趣。通草画是绘制在由通脱木茎髓切割而成的通草片上的画作。通草片洁

图3-50   "万物为'纸'——外销画体验系列活动"宣传海报

白光亮，具有丝绒质感，其吸水性强，具有良好的固色作用。观众在绘制过程中，
体会到了传统技艺的魅力，感受到了中西方艺术融合之美。菩提叶画被视为精美典
雅的"绿色艺术"。经过碱性水浸泡去青、刮去叶肉、剪掉叶根的处理，才能形成
一片完整的作画用的心形脉络菩提叶。活动中，观众以外销画的纹饰为样本，切身
体验传统绘画技艺的繁难（图3-51）。外销玻璃画是运用油彩、水粉等西方画材，
采用反笔技法，在平板玻璃上绘制东方风情图案的画作（图3-52）。活动中，观众
既欣赏了外销画艺术之美，又体验了各类画绘制的奇特与乐趣。

作为"粤港澳青少年交流活动基地"，广东省博物馆开放场馆和展品资源供高
校学生开展课题科研与实践活动。"焦点·合璧"以中西乐器的交融为观众带来了
一场别开生面的展厅音乐演奏原创快闪活动，该活动不仅呼应了通草画中的乐器，

图3-51　观众绘制菩提画（上）

图3-52　观众的玻璃画作品（下）

图3-53　"焦点·合璧"音乐快闪海报

还丰富了观众的观展体验，促进了粤港澳三地青年交往交流交融（图3-53）。

　　由于外销画能够生动地展示当时社会生活的风貌，我们在手机端特别策划了"呱呱找不停"找茬小游戏（图3-54）。游戏设计了六件作品，每件作品与原件存在3—5处的偏差。观众在展厅中找到图中对应的文物，通过仔细观察，找出图片与展厅文物的不同之处。这个活动，既增添了观众观展乐趣，又加深了观众对展览作品的熟悉度。

　　为激发青少年观展的好奇心，我们采用"博物馆+i教育"的方式，开发"博物馆奇幻夜"焦点展实景解谜App（含AR、音频、故事情节）原创游戏（图3-55），鼓励青少年观众结合游戏提示与展厅线索，探索博物馆奇幻夜的秘密，引导观众在趣味游戏中获得更细致的观察与积极的思考。

"呱呱"
找不停
找茬小游戏

Lorem ipsum dolor sit amet, consectetur adipiscing elit, sed do

焦
点
18-19世纪
中西方
视觉艺术的调适
Focus

广东省博物馆
GUANGDONG MUSEUM

图3-54 "呱呱找
不停"找茬小游戏

图3-55　"博物馆奇幻夜"探索型游戏

"博物馆奇幻夜"探索型游戏故事简介：

当太阳最后一缕光芒消失在地平线后，博物馆一如既往地进入"沉睡"状态。

这又是一个寻常的黑夜。博物馆工作人员小呱拿着一个超大的手电筒，在博物馆外围和走廊开始了周而复始的巡查工作。这大概又是一个寻常又孤寂的夜晚，直到他路过"焦点"展的展厅门口，听到里面居然一反常态，似有人的议论声、叫卖声……

待大门开启后，本该是已经清场的大厅，仿佛成了另一个世界。广州港附近启程的汽笛声、黄埔港的浪涛声、疍家女忙碌的身影……这些本该属于画中的景物，如同被施了魔法般，围绕在小呱的身旁。小呱看傻眼了。此时，一个中等身材、体格健壮、眼神犀利深邃的男人朝小呱走来。原来，画中景物已然在神秘力量的促使下复活，小呱必须在两小时内帮助画作复原，否则画中景物将各自走向异度空间。

最终，你能不能帮助小呱顺利完成任务，发现这神秘力量竟然是来自……

"焦点"展的展陈中也运用了投影技术、裸眼3D技术、知识图谱技术、"广府女团——外销画中的中国传统乐器"互动展项等丰富的数字技术，打造沉浸式观展环境。人们对图像材料的记忆通常要比纯文字材料的记忆更深刻。实际上，当材料同时以文字和图像形式呈现时，与只呈现其中一种形式相比，人们往往记忆更深刻。展览以数字化技术联动实物展品进行多元化阐释，以文字和图像、声音相结合，使观众更便利地开展个性化自主探索学习，提高其参与的趣味性。

借助互联网技术，我们还同步推出"通草画""菩提叶画"等原创线上课程，促进博物馆教育普惠；我们特邀专家分别以"全球视野下的广州外销画""清宫玻璃画技艺的传输：欧洲—广州—宫廷""清代肖像画中的西洋元素探讨""易容的美人：18世纪中国风在中法之间的交流互动"为主题开展了线上讲座，以促进学术探讨与交流，为更广泛的观众提供深入学习与研究的机会（表3-1）。

表 3-1 "焦点"展教育项目统计（影响力合计：约 14 万人次）

项目名称	项目简介	活动对象	参与人次	场次	视频观看人次
艺术共创，开启2023	从"焦点""年画里的中国""世界琥珀艺术展"三大临展中提取文物元素，邀请现场观众共同创作的艺术共创活动。活动旨在让观众在中西文化碰撞中感受融合之美；在年画里体会喜庆祥和的中国年；在女神赫丽提斯的眼泪中探索远古的故事，用艺术共创唤醒元气满满的2023	全年龄段	70	5	7000
万物为"纸"——菩提叶画艺术欣赏与体验	菩提叶画被视为精美典雅的"绿色艺术"。经过碱性水浸泡去青，刮去叶肉，剪掉叶根的处理才能形成一片完整的作画用的心形脉络菩提叶。此次活动，以外销画的纹饰为样本，让观众亲自体验传统技艺	12岁以上观众	30	1	8400
万物为"纸"——通草画艺术欣赏与体验	此系列活动选取该展览外销画的特色画材与元素，在不同的"画纸"上作画，体验万物为"纸"的乐趣。通草画绘制活动特邀广州美术学院附中教师张静指导绘画，让观众体会传统技艺的魅力，感受中西方艺术融合之美	12岁以上观众	30	1	8400
万物为"纸"——玻璃画艺术欣赏与体验	外销玻璃画是运用油彩、水粉等西方画材，采用反笔技法，在平板玻璃上绘制东方风情图案的画作。本活动选取本展览外销画的特色画材，在特殊的"画纸"——玻璃上作画，体验万物为"纸"的乐趣，让观众欣赏外销画艺术之美，体验"玻璃画"绘制的乐趣	12岁以上观众	30	1	5000
通草画线上课程	通草画绘制在由通脱木茎髓切割而成的通草片上。通草片洁白光亮，具有丝绒质感。其吸水性强，具有良好的固色作用。通草画的历史源流是怎样的呢？它又是如何绘制而成的？该线上课程特邀广州美术学院附中的张静老师分享《简述通草水彩画的历史与绘画方法》，线上展示通草画绘制的过程	12岁以上观众	50	1	7200

项目名称	项目简介	活动对象	参与人次	场次	视频观看人次
菩提叶画线上课程	该线上课程特邀策展人白芳博士为观众分享菩提叶画的艺术特色。同时，邀请广州美术学院附中的张静老师线上演示菩提叶画的绘制方法和过程	12岁以上观众	50	1	6500
"呱呱找不停"找茬小游戏	外销画生动地展示了当时社会生活的风貌。在该互动项目中，我们特选取六件作品，每件作品有3-5处值得关注的画作细节，请观众对照原件与图片开展找茬游戏。找不同的游戏，既增添了观众的观展乐趣，又让观众更仔细地观察画作细节，在展厅随时开启自主探索与互动	全年龄段	10149	75	—
东方彩韵——明信片赋色活动	在摄影术发明之前，以航海为职业的西方船长和水手，为纪念自己的航海生涯，往往在所停留的港口请画家为他们绘制船舶和港口风光的图像作为纪念。外销画的绘制过程包括构图、起稿、上色等环节。该活动将展品"重呱"款英国船文物图案制作成线稿，让观众体验外销画上色的乐趣。观众可在粤博领取明信片创作作品，还可在微博分享手绘明信片，带话题#东方彩韵#并@广东省博物馆，参与"焦点"展线上征集活动	全年龄段	1500	2	—
"焦点：18—19世纪中西方视觉艺术的调适"专家云导赏	该导赏特邀展览策展人白芳博士精心挑选60余幅外销画展品，从艺术风格、绘画技法和绘画材料三个维度将外销画的艺术调适之美娓娓道来。为了丰富观众的视听体验，该导赏增添三个展示环节，以营造沉浸式导赏的氛围：在展览的中国风庄园卧室，邀请大学生进行小提琴独奏，从视觉和听觉角度展示18世纪欧洲"中国风"的魅力；在中国乐器外销画的展柜前，邀请竹笛老师演奏一曲《步步高》，增添浓郁的春节气氛；在通草画辅助展示区，邀请通草画老师现场讲述现代复原清代通草画的绘画技巧并示范	全年龄段	—	1	20000

项目名称	项目简介	活动对象	参与人次	场次	视频观看人次
《爱粤读》	该展览和展品知识延展读物围绕展览设多个专题，以图文并茂的形式呈现。"焦点"展《爱粤读》（第55期）在展厅内供观众免费取阅，是广东省博物馆经典的展览拓展教育读物	中学生及以上	8000	—	—
《学习纸》	精选展览知识点，根据不同年龄段的认知编写小学版和中学版的《学习纸》。通过问题式引导的方式，以图文并茂形式和不同的题型，充分激活学生的自主探索能力，使其在展厅内观察与思考，探索文物背后的故事	中小学生	9000	—	—
全球视野下的广州外销画（线上讲座）	讲座通过讲述各阶段各种不同类型的广州外销画作品，结合17至19世纪广州外贸及与之相关的世界历史发展变化，从全球化的视野介绍广州外销画的历史和文化特点。讲座提出广州外销画是全球化历史进程的产物，全球化的推动力是贸易，因此广州外销画最显著的特点是由贸易塑造的	全年龄段	—	1	6700
清宫玻璃画技艺的传输：欧洲—广州—宫廷（线上讲座）	该讲座以故宫藏玻璃画为研究对象，依据文献档案的记载，借助前人研究的成果，经过推理分析，认为玻璃画进入中国后首先在广州发展起来，再由广州进入清代宫廷，宫廷画家在广州玻璃画画师的指导下掌握了玻璃画绘制技艺。广州和宫廷的玻璃画由于服务对象的不同而朝两个方向发展，以外销为主要目的的广州玻璃画绘画技法逐渐西化，而宫廷玻璃画为了适应皇家品位，逐渐向宫廷绘画靠拢。玻璃画在欧洲日渐式微，在中国则兴盛发展起来，成为中国外销画的一个重要组成部分，以至于欧洲人反而效仿中国玻璃镜绘画技艺	全年龄段	—	1	16400

项目名称	项目简介	活动对象	参与人次	场次	视频观看人次
清代肖像画中的西洋元素探讨（线上讲座）	18—19世纪，以广东、福建、上海为中心的沿海地区，对外交流频繁，中西结合的画法被广泛运用于肖像画中。在广东地区，还出现大量的外销画，以油彩画、水彩画、通草纸画、炭笔画为主。在传统的人物肖像画中，也出现素描、光影的明暗对比等西洋画技法。有趣的是，在人物的服饰、衬景等方面，则仍然沿袭了传统的中国画技法。这种在同一幅画中出现中西合璧元素的现象，是清代肖像画的特色之一。该讲座结合各大博物馆藏品，探讨清代肖像画演进与发展的规律，由此讨论西洋画元素对晚清以来中国绘画史的影响	全年龄段	—	1	15700
易容的美人：18世纪中国风在中法之间的交流互动（线上讲座）	该讲座意在推翻西方艺术史中广为流传的一个说法，即"中国风"的影响仅限于装饰艺术的领域，并未被西方的主流艺术所接受。讲座以充分的事实依据和细腻的图像分析，指出这一说法并非事实	全年龄段	—	1	7900
虚拟策展人	观众可在"焦点"展的展品清单中挑选自己想要进行策展的九件展品生成"虚拟展厅"。观众可以选择喜欢的展厅外观，对展览标题、策展理念进行编辑，然后发布、分享至社交媒体	全年龄段	700	3	—
通草水彩画的历史发展与绘画方法（馆校合作项目）	讲座介绍了当年的广州通草画画师的绘画技法，分享了如何结合当代西方写实绘画原理，独创一套适用当代通草画的画法	初中生	150	1	—
行走广州——重返"十三行"	通过重返"十三行"的实地考察活动，凸显展览的地域特色，强化观众对于广州作为世界贸易网络重要节点的记忆，同时延续广东省博物馆"行走广州"的品牌活动，进一步打造博物馆教育品牌	12岁以上观众	20	1	—

项目名称	项目简介	活动对象	参与人次	场次	视频观看人次
行走广州——花城·绘	18世纪、19世纪，广州的外销画画家用包容的心态与精湛的画技使外销画成为一张闪亮的东方明信片。活动中，粤博特邀专业老师引导观众拿起画笔行走在广州街道上，观赏着标志性的"小蛮腰"，富有文化艺术氛围的博物馆、图书馆、大剧院，将今日的广州风情绘至笔下，感受中西方绘画技艺调适的过程，体会其中开放、包容、创新的精神	10岁以上	20	1	—
花城·绘线上课程	该活动选择了勾勒、薄涂色彩的钢笔淡彩速写技法，邀请老师线上讲解、演示钢笔淡彩的写生教学，引导观众以画笔记录当下的感受。为满足不同绘画基础观众的需要，粤博绘制原创线稿，以如今广州标志性的"小蛮腰"、博物馆、图书馆、大剧院为主题，供观众体验重新上色的绘画乐趣。观众可在粤博领取明信片线稿，还可在微博分享手绘明信片，带话题＃东方彩韵＃并＠广东省博物馆，参与"焦点"展线上征集活动	全年龄段	—	1	2925
"博物馆奇幻夜"焦点展实景解谜活动	观众通过手机下载App，借助AR、音频、图片等多媒体技术，沉浸于游戏角色和展厅实景环境中，通过深入观察文物，开展推理解谜活动。游戏以合理虚构的故事情节带动展品阐释，融入展品色彩、内容分析和展品互动，引导观众在趣味解谜中更细致地观察与积极主动地思考	全年龄段	400	24	—
志愿者免费讲解	共18位志愿者讲解员，为观众免费讲解123场次。通过招募社会志愿者担任讲解员，既服务了广大公众，也增进了身为公众的志愿者与博物馆的深度沟通、良性互动与资源互通	全年龄段	—	123	—

项目名称	项目简介	活动对象	参与人次	场次	视频观看人次
"焦点·合璧"音乐演奏快闪活动	合璧,指的是古代半圆形的玉璧相合,形成完整、全新的玉璧,呼应"焦点"展中西方视觉艺术的调适。该活动以音乐为媒介,展示本土民间音乐和西洋乐以及中西方乐器调适下的中西协奏曲。合璧概括了中西方在文化上的交流碰撞,让观众得到视觉与听觉的沉浸式双重享受	全年龄段	500	11	—
合计			30699	257	112125

(六)关于博物馆临展教育的思考

复旦大学文物与博物馆系副教授周婧景认为,博物馆横向业务探讨的核心问题是"如何在物的研究、人的研究及传播技术研究的基础上,构建有效对话的阐释系统"。博物馆教育亦是从"物""人""传播技术"的研究出发,构建对话阐释系统,实现公众参与。

首先,面对市场端纷繁的教育活动,展品研读是博物馆实现差异化教育的基础。针对"焦点"展,展览教育组以展览大纲文本和策展理念为核心,研读了《中国外销画:1750s—1880s》《广州十三行:中国外销画中的外商(1700—1900)》《广东十三行考》《广州贸易:中国沿海的生活与事业(1700—1845)》《18—19世纪羊城风物:英国维多利亚阿伯特博物院藏广州外销画》《大英图书馆特藏中国清代外销画精华》《广东新语》《雅俗之间》等文献。此外,为确保以正确的知识为阐释基础,展览教育涉及的所有多媒体内容均经过策展人的审核指导。

其次，观众研究是了解博物馆文化服务对象的重要环节。"一个博物院就是一所大学校。"博物馆既是青少年的第二课堂，也具有服务广大公众"终身教育"的社会职责。每个馆的观众群都有其特色，广东省博物馆的观众调查立足"智慧博物馆"系统大数据和公众服务部专人科学策划。只有结合长期的面向公众的一线工作经验和自行组织的观众调查，展览教育组针对目标观众群体策划的活动方能获得公众的参与和认可。

再次，引入外部资源的跨界合作是博物馆增强阐释多元化、提升博物馆辐射力的补充力量。我们在以往的公众调查中发现，有 49.45% 的观众反馈不曾参与过教育活动，同时有 55.25% 的观众表示会因为关注配套教育活动而前往广东省博物馆。[14] 由此可见，超过半数的观众有参与教育活动的需求。因此，我们不仅要重视推出精品展览，同时也要注重开发教育活动。通过开展更丰富、更多元的教育活动，以增进博物馆与各年龄层的观众的互动，增强观众在博物馆中的参与感。展览教育组的工作包括了展厅讲解导赏、阅读材料编撰、活动的策划、宣传与执行等。为了在有限的博物馆人员配置和有限的专业技术条件下开展更多元化、辐射更广的教育活动，我们高度重视以跨界合作的形式拓展包含数字化、互联网技术与人力资源在内的外部力量。值得一提的是，在各类跨界合作中，开放场馆和展品资源供高校学生开展课题科研与实践活动，也是博物馆实现文化与教育功能良性互动的重要举措。

最后，博物馆教育策划不以单纯的知识传播为目的，而是基于文物的正确阐释，引导观众调动感官获得信息，通过促进观众思考、互动、合作，激发观众的好奇心或其他积极情绪等方式，让观众从中受益。同时，面对更广大的博物馆观众群，博物馆需要在有限的资源中探索更多的可能，实现教育可及性与公平普惠，实现其社会价值。

四、宣传推广：话题热议的焦点

2010 年，广东省博物馆新馆对外开放之时，在"广东历史文化陈列"展览的第二篇章"海不扬波"中设置了外销画的专题展区，文物旁的液晶电视机循环播放着央视制作的外销画纪录片，一幅幅反映港口风景、市井生活的画作为观众勾勒了清代广州的别样风情。2013 年，广东省博物馆策划推出的原创展览"异趣·同辉——馆藏清代外销艺术精品展"再次对馆藏外销画代表性文物进行了展示，使观众能够有机会近距离地欣赏钱纳利、林呱、煜呱、新呱等知名外销画画家的作品。

时隔 10 年，广东省博物馆联合香港艺术馆、澳门艺术馆，以及广东美术馆、广州十三行博物馆、鸦片战争博物馆、江门市新会区博物馆等多家粤港澳地区文博单位举办"焦点"展，是粤港澳大湾区首次全景式解读外销画的专题展览，更是广东省博物馆近 20 年征集的外销画精品首次集结展出。

"焦点"展希望全景式展示外销画的中西融合和发展过程，也希望借助媒体宣传和自媒体传播等手段，能够"转换视角"让观众了解：这是一段曾经被人遗忘的历史，这是一个有可能改写中国油画史开端的话题，这是一个引发关于中国外销画能否步入大雅之堂的辩论的焦点。广东省博物馆首次对清代外销画进行专题展览，如何吸引观众前来参观打卡，并参与"外销画与中国美术史的关系"等话题的探讨，是我们需要面对的问题。为此，我们决定于 2022 年 7 月面向馆内观众和馆外群众进行展前调查，希望由此了解社会大众对于外销画的认知、艺术评价与观点，研究本次展览策展、布展的大众期许，了解观众对外销画的认识与理解，以及观众对观展的需求与行为偏好。

在调查观众"对外销画主题展览是否感兴趣"时，51.81% 的观众对外销画主题展览十分感兴趣，48.19% 的观众对外销画主题展览有点兴趣。在调查观众是否知道外销画时，4.67% 的观众非常了解外销画，46.08% 的观众对外销画有一些了解，24.25% 的观众表示听说过外销画但不太清楚是什么，22.44% 的观众表示完全没听过外销画，2.56% 的观众的答案为不确定。

根据展前调查的结果以及结合"焦点"展从香港、澳门引进展品的特点，我们将展览的目标群体确定为粤港澳三地观众、艺术专业师生、视觉艺术爱好者等，将省内及港澳主流媒体作为宣传主阵地，充分利用微信公众号、新浪微博、短视频等自媒体渠道，邀请文博界、美术界专家等发表展评。通过线上、线下相结合的方式，在粤港澳大湾区构建"中西方视觉艺术"话题讨论的焦点，进一步厘清中国外销画的源与流，还原一段被遗忘的中国早期油画史的面貌，将展览打造成全国文博界和美术界的热门展览。

在确定了宣传目标后，负责展览宣传的融媒体中心成员便开始组建工作团队，制定宣传方案和预算，联系媒体筹备展览期间的各项宣传报道工作。

按惯例，广东省博物馆每年度新展首次的预告时间是一月初的全年展览巡礼，在展览开放的前一个月，我们会在微信公众号、新浪微博等自媒体渠道发布展览预告。2022 年 9 月，《【焦点 No.1】关于"外销画"，大家知多少》《【焦点 No.2】罕见！这个展览将晒出粤港澳三地外销画收藏的家底！》等两篇推文先后发布，在展览宣传逐渐升温、粉丝纷纷期待展览开放的时候，广州受到新冠疫情影响，导致广东省博物馆多次临时闭馆。我们经过多次商议，最终不得不在展览开放前两天发布延期开展公告。

面对突如其来的情况，我们一方面在闭馆期间不断地完善展览陈列和调试展厅多媒体互动设备，一方面重新制订宣传计划，为展览正式开放做好准备。我们结合展的展品特点，联合广东广播电视台、大湾区之声、《香港文汇报》、《大公报》、《羊城晚报》等媒体重点加强在粤港澳大湾区范围的宣传报道；充分利用广东省博物馆的自媒体账号，邀请社交媒体达人合作，力争做到展览"全媒体"传播；积极拓展与文博行业各类媒体的合作，让展览能够在全国文博系统具有影响力，吸引专家学者对展览进行解读和评价；策划首个"虚拟策展人"小程序互动项目，让观众可以在自己的手机上随时欣赏展品的同时，还可以亲自担任"策展人"，策划自己心仪的微型展览并分享至社交媒体。

　　加强文物活化利用与传播方式创新，是广东省博物馆一直努力的方向。发展云展览、云直播等全媒体形态，能够切实增强展览宣传展示的影响力。全媒体指媒介信息传播采用文字、声音、影像、动画等多种媒体表现手段，利用广播、电视、电影、书籍、报纸、杂志、网站等不同媒介形态，通过融合的广电网络、电信网络以及互联网络进行传播，最终实现用户以电视、电脑、手机等多种终端均可完成信息的融合接收，实现任何人、任何时间、任何地点、从任何终端获得任何想要的信息。

（一）打造粤港澳大湾区"话题"的焦点

　　展览开幕邀请媒体现场采访报道是向社会传播展览亮点的有效手段也是必要手段。我们提炼出四个话题供媒体重点宣传：引进香港、澳门多家文博机构展品，打造广东省博物馆"外销艺术品"展览系列的又一个原创大展；广东省博物馆"中国外销画"系列藏品近 20 年征集成果的首次集结展出；还原一段被遗忘的中国早期油画史的面貌；18—19 世纪的中外艺术家共同开创了中西方视觉艺术对话与调适的"广州时代"。

　　为了让观众"重拾"对展览的兴趣和关注，展览经过一段时间的"打磨"后，于 2022 年 12 月 8 日通过微信公众号官宣正式对外开放，并邀请《人民日报》、中国新闻网、《中国文物报》、文博圈、博物馆头条、《羊城晚报》、广东广播电视台、《大公报》、《文汇报》、《澳门日报》等 60 余家媒体前来展厅采访报道，共发布了 117 篇新闻报道。热门报道主要围绕"外销画""展览聚焦""聚焦广州外销画"等主题词展开，相关话题转载超 1000 条，报道集中在客户端和网站，其中客户端 884 条、网站 262 条。

其中，人民网发布题为《中西绘画技法调适 140 件（套）外销画亮相广东省博物馆》的文章，报道提及，该展览是广东省博物馆近 20 年征集的中国外销画精品首次集结展出，也是粤港澳大湾区首次全景式解读中国外销画的专题展览。《中国文物报》刊发题为《"焦点：18—19 世纪中西方视觉艺术的调适"在粤博展出》的文章，报道提及，该展览受到澳门特别行政区政府文化局、澳门艺术博物馆、香港艺术馆、广东美术馆、鸦片战争博物馆、广州十三行博物馆、江门市新会区博物馆等多家机构的大力支持。《南方都市报》聚焦展览藏品及背后的故事，以《扬帆过海穿越百年，看广州外销画里的风华旧影》一文讲述了英国画家钱纳利的"中外朋友圈"的故事，展示十三行火劫前的盛景画、百年前羊城面貌画以及外销画画家的玻璃镜画。除此之外，该文收集了前人对外销画的评价，并指出摄影术是广州外销画由盛转衰的重要原因之一。《新快报》重点关注此次展览数字媒体的应用，其在《科技一直影响艺术，介入展览也是必然》一文中提及，"焦点"展多处运用投影融合技术，还原欧洲贵族小亨利一家人在哈伍德庄园的生活起居，打造沉浸式庄园生活体验场景。展厅还运用多媒体互动的方式，让观众参与体验外销画流水线作业的模式。策展团队还使用了编程技术的设计程序和界面，使用人工智能推荐算法向观众提供个性化导览服务。

（二）联合粤港澳大湾区主流媒体，策划专题报道

1. 拍摄专题纪录片 讲述"一带一路"故事

　　展览延期开放期间，我们接到了《丝路汇客厅》栏目组的采访函。栏目组计划围绕 18 世纪、19 世纪中国外销画的文物研究与展览策划等拍摄制作一期专题节目，通过清代外销画的发展，讲述"一带一路"故事。《丝路汇客厅》是一档立足广东、辐射全球，专业讲述"一带一路"故事的栏目，在广东广播电视台国际频道、广东卫视、YouTube、印度尼西亚亿乐荣电视台、菲律宾菲中电视台等面向全球播出，截至 2023 年底已播出四季，节目在亚太地区乃至国际上都具有一定影响力。

　　参与节目拍摄既可以通过镜头向全球讲述清代外销画的发展，又可以吸引观众在展览期间前来参观，为此我们与栏目组进行多次沟通后顺利地完成了拍摄工作。

　　节目中，主持人和策展人围绕"为什么 18—19 世纪时期会盛产外销画""外销画的特点""外销画中的通草画"等话题进行了充分的交流。2022 年 11 月 17 日，这期节目在马尼拉雅典耀大学亚洲研究中心召开的第十一届亚洲国际会议（ACAS）中进行了展映。

2. 深入挖掘明星展品 策划全媒体报道

　　2022 年 8 月至 11 月，广东省博物馆携手羊城晚报报业集团，在《羊城晚报》及金羊网、羊城派 App、云上岭南、"羊城晚报"视频号等海内外传播平台首创《羊城晚报·名家说名作》栏目，并推出系列报道。栏目对广东省博物馆的"绘冠南天——粤藏宋元书画特展"进行全媒体制作。社会反响强烈，各大平台流

量约 1500 万，部分内容译制成英、葡等多语种版本融媒产品，影响力触达海外。

2023 年初，《羊城晚报·名家说名作》栏目提质升级，推出第二季"粤藏于海"系列，在岭南公共收藏珍品中发掘"海上丝绸之路"的广东故事，努力从更广阔的层面推动名家名作的高质量传播推介与知识生产。

"粤藏于海"系列首期选择了广东省博物馆的重磅展览"焦点：18—19 世纪中西方视觉艺术的调适"中的巨幅外销画《广州港全景图》。《广州港全景图》堪称清代珠江版"清明上河图"，描绘了从沙面、十三行商馆区、海珠炮台直至大沙头附近的东水炮台一带珠江北岸的广阔风景，是当时中国城市的罕见的图像记载，也代表着 19 世纪中期中国油画创作的最高水平。

策展人详细解读了《广州港全景图》的历史价值、艺术价值和研究价值。《羊城晚报》的编辑将本次采访制作成专题报道、短视频、长图、融媒体动画、H5 等多样融媒体产品。报道共获得 110932 次点击量。

此次合作在推动岭南文化"双创"，讲好广东故事、湾区故事、中国故事等方面精准发力，是展览宣传探索融媒作品的再一次尝试，并收到显著优质的传播效果。

3. 立足广东 辐射港澳

长期以来，广东省博物馆与港澳地区的多家媒体保持着十分紧密的联系，尤其是当举办粤港澳三地合作展览的时候，《大公报》《文汇报》《澳门日报》等媒体均会深入挖掘展品亮点，面向香港、澳门地区的观众，策划展览专题报道或系列报道。

展览开放之前，我们就联系了《大公报》和《文汇报》的记者，表达了希望共同策划选题，让港澳地区的观众能够了解外销画从澳门传入广州的发展过程，突出粤港澳三地"同根同源"的特点。最终选定了以广州名为"呱"的外销画画家和羊城贸易繁盛两个话题。2023 年 1 月 4 日，大公报在大公文汇网、大公网刊登了《呱呱世界的晚清湾区风情》整版报道；2023 年 1 月 10 日，文汇报在香港文汇网、《联合日报·美星日报》等刊登了《"焦点"外销画 中西调适笔法 再现羊城旧日贸易繁荣风貌》整版报道。

4. 学术+科技 让展览插上一双翅膀

为推动中西艺术交流史的前沿研究，广东省博物馆与中山大学联合举办"焦点：18—19世纪中西方视觉艺术的调适"国际学术研讨会，来自中国、英国、法国的30余位专家学者齐聚一堂，对视觉艺术全球化的议题展开了热烈的讨论和启迪性的思考，他们的学术观点代表着这一领域最新的研究成果和发展趋势。

我们特邀《新快报》《收藏周刊》的记者共同策划了"聚焦广州外销画"系列报道，围绕"18—19世纪中外艺术家共同开创的中西方视觉艺术对话与调适的'广州时代'"等话题，先后采访了法国高等研究实践学院东亚文明研究中心、故宫博物院、中国国家博物馆、中央美术学院、中山大学、广州艺术博物院等不同领域的专家学者。报道一经刊出，在社会上引起了热烈的反响，多家网络媒体对此进行了转载。

（三）拓展线上宣传 讲好湾区故事

2019年，中共中央、国务院印发《粤港澳大湾区发展规划纲要》，提出"共建人文湾区"的发展战略，并提出要以"塑造湾区人文精神""共同推动文化繁荣发展""加强粤港澳青少年交流""推动中外文化交流互鉴"为主要内容。博物馆作为公共文化服务体系的重要载体，在传承与弘扬大湾区文化中发挥了引领作用。

当前，博物馆创新传播将为大湾区博物馆的蓬勃发展注入生命力。博物做好线上宣传已成为展览"破圈"甚至成为"热搜"的主要手段。因此，我们积极调动馆内自媒体资源，通过建立官网专区、制作宣传短片、直播导赏、每周发布微信推文等方式扩大宣传，还邀请了新浪微博文物摄影达人"动脉影"助力展览推广。

"焦点"展开幕后受到全国网友高频搜索和较高关注，在 2022 年 12 月底成功入围第 30 期中博热搜榜"博物馆十大热搜展览推介"。

广东省博物馆是国内首批拥有自媒体矩阵的博物馆。目前，广东省博物馆自媒体以"一网（官方网站）、两微（微信、微博）、三视频（抖音、快手、视频号）"为核心，有图文、音频、视频发布和线上直播功能，兼具知识性、专业性、趣味性和互动性，是广东省博物馆重要的传播渠道。

广东省博物馆馆内的展览信息可在广东省博物馆官网、官方微信公众号、官方微博查询，而绝大多数观众都是通过广东省博物馆官方微信公众号了解展览信息的。展前调研结果显示，有 91.57% 的观众通过广东省博物馆官方微信公众号了解展览信息，有 28.01% 的观众通过官方微博了解展览信息，有 27.56% 的观众通过广东省博物馆官网了解展览信息，有 25.90% 的观众通过微信朋友圈了解展览信息，有 22.89% 的观众通过新闻媒体报道了解展览信息，有 21.54% 的观众通过小红书了解展览信息。

1. 以官方网站为阵地 提供展览信息快速检索

通过官方网站建立云端综合性入口，实现了信息发布、文物介绍、媒体报道、教育活动、虚拟展厅等功能的有机统一，能够满足不同文化背景和年龄层次的受众的需求。

在展览正式开展前三个月，在官方网站"展览"一栏的"展览预告"板块发布海报及重点文物，为展览做预热。展览开放后，在网站首页滚动播放展览海报，并持续上传展厅现场照片，发布媒体报道、教育活动和讲座预告信息、虚拟展厅等相关内容，打造云端上的"焦点"展。

2. 以微信公众号为抓手 做好展览内容传播

微信公众号将作为展览线上宣传的主要渠道，不仅为观众提供门票预约等较为完善的基础服务功能，并在此基础上结合技术手段与多种传播形式，与粉丝建立了较为活跃的互动关系，是展览宣传当之无愧的自媒体主阵地。

广东省博物馆微信公众号以"阅读最完整的展览，分享最有趣的幕后"为运营理念，推送内容由展览、活动、公告、文创、学术、文物六大板块组成。其中，展览类最受观众欢迎。同时，广东省博物馆还是国内首个开通微信导览功能的博物馆。

展览期间,我们通过撰文、媒体约稿等方式对观众调查、展览策划、文物赏析、多媒体产品、文创产品、研讨会、讲座活动等进行持续宣传，共推送了 27 期个性化、专业性的文博资讯，阅读量约 24 万人次，《人民日报》、中国新闻网、《中国文物报》、《新快报》、岭南美术出版社、弘博网、博物馆头条、文博圈、人民文博、圣轩珍品等公众号纷纷发布或转载展览信息。在推文发布过程中，我们首次对文章进行了编号，并且全部收录于"焦点"展推文合集，便于粉丝可以一键查询展览各类相关信息。

3. 邀请网红达人打卡 共创微博话题焦点

微博是基于用户关系的社交媒体平台，用户可以通过电脑、手机等多种移动终端接入,以文字、图片、视频等多媒体形式,实现信息的即时分享、传播互动。微博基于公开平台架构，提供简单、前所未有的方式使用户能够公开实时发表内容，通过裂变式传播，让用户与他人互动，并与世界紧密相连。微博能够帮助博物馆进一步扩大传播，触及更广泛的人群。

广东省博物馆于 2010 年 12 月 22 日入驻新浪微博平台，是国内首批开通官方微博账号的文博单位。截至 2022 年，广东省博物馆微博粉丝量约 65 万个，发布推送逾 8000 条，曾多次获得全国文博十大影响力官微和全国文博十大创新官微荣誉。在"焦点"展开展前期，微博小编申请创建了原创话题 # 全景式解读焦点 #，并且积极联动文博大 V"动脉影"发布展览重点文物图文、展览宣传视频、直播导赏、活动预告等信息共 42 条，阅读量 171.4 万人次。# 全景式解读焦点 # 话题在全平台阅读量达 740.8 万人次；动脉影发布了 9 条图文微博、1 条视频，总阅读量达 434.5 万人次。

　　"焦点"展积极探索"官方微博 + 网红大 V"联合推广展览的新模式，针对文博爱好者进行了精准有效的传播，两大账号之间的互动有效提高了展览在微博平台的关注度，提升了展览的影响力。

4."短视频+直播"重构展览宣传新趋势

　　短视频平台和直播看展的兴起，拓展了博物馆宣传的方式，以多元的视角看待和讲述文物，冲破了时空阻隔，使观众得到了足不出户的观展体验。

　　广东省博物馆官方短视频主要有抖音、快手、微信视频号三大平台，内容以配合博物馆展览、教育、文创等相关业务活动的创意短视频为主，适应短视频平台的特点，更为轻松、简洁，助力让文物"活"起来，让博物馆"潮"起来。"焦点"展先后发布了展览官方宣传片、教育活动、全国博物馆十大精品展览申报片等短视频，多家媒体也进行了转载。

　　为了给观众详细解读展览策划、陈列设计、精品文物等，同时让无法前来现场参观的观众也能欣赏本次"焦点"展，2023 年春节期间，我们联合新浪微博、微信视频号、央视频、腾讯新闻等平台，与"文博 V 视"视频号、"人民文博"视频号、"文博圈"微博等账号合作策划了"策展人导赏"直播，观看量约 16.5 万人次。

（四）专题舆情统计分析

本次展览宣传推广以粤港澳大湾区主流媒体为宣传主阵地，采用专题、专版、连载等方式对展览进行持续追踪报道，令展览热度不断升温，成功构建起"中西方视觉艺术"话题热议的焦点。为了精准评估"焦点"展的传播效果，及时捕捉展览传播热点，辅助"焦点"展更好传播，我们与南方舆情数据研究院合作，对"焦点"展进行了专题舆情统计分析。

根据监测数据，2022 年 9 月 30 日—2023 年 7 月 18 日，共监测到涉及"焦点"展的相关信息约 1547 条，报道集中在客户端和网站，其中客户端 884 条，网站 262 条，分别占 57.14% 和 16.94%。

从舆情热度趋势图（图 3-56）可见，舆情热度呈现"多高峰、小爆发"的发展趋势，在 2023 年 5 月 18 日国际博物馆日达舆情高峰，由《中国文物报》一篇题为《全国博物馆十大陈列展览精品揭晓》的报道推高热度。2022 年 12 月 1 日、2023 年 1 月 28 日等节假日前后，舆情出现多个次高峰。直至 2023 年 6 月，"焦点"展热度逐渐走低。

媒体涉广东省博物馆"焦点"展热门报道主要围绕"全国博物馆十大陈列展览""外销画""展览聚焦""聚焦广州外销画"等主题词展开。中国文化传媒网关注到第二十届（2022 年度）全国博物馆十大陈列展览中广东博物馆获奖情况，在《5·18 国际博物馆日｜广东博物馆在全国十大陈列精品推介中创佳绩》一文中提及，广东省博物馆"焦点"展览一路过关斩将，获国际及港澳台合作奖，并认为此次获奖，也是广东省博物馆延续大湾区策展思路，推进人文湾区建设的硕果。

转载量较大的媒体报道如表 3-2 所示。

图3-56　"焦点"展舆情热度趋势

表 3-2　展览的相关媒体报道统计

标题	媒体	时间
第二十届（2022 年度）全国博物馆十大陈列展览精品揭晓	人民号	2023-05-18
广东省博物馆荣获全国博物馆十大陈列展览国际及港澳台合作奖	触电新闻	2023-05-18
5·18 国际博物馆日 l 博物馆精品陈列展览揭晓	新浪网	2023-05-18
刚刚！全国十大精品展览和最具创新力博物馆公布	文博头条	2023-05-18
国际博物馆日 看博物馆新变	新花城	2023-05-19
广东博物馆在全国十大陈列精品推介中创佳绩	南粤文保	2023-05-25
全国博物馆年度精品展览名单公布！广东 3 展 4 馆获奖	南方都市报	2023-05-18
半年盘点：展览聚焦	新快报	2023-06-04
又中！全国博物馆"十大"陈列展览评选广东再传捷报	广州日报	2023-05-18
获评年度展陈"十大" 让我们走入"焦点"外的时空	广州日报	2023-05-24
何以"焦点"，深度解读粤博精品大展	广东省博物馆	2023-05-24
第二十届（2022 年度）全国博物馆十大陈列展览精品推介初评揭晓	学习强国	2023-04-21
"焦点——18—19 世纪中西方视觉艺术的调适"策展手记	文博圈	2023-04-06
聚焦广州外销画	新快报	2023-03-05
"焦点：18—19 世纪中西方视觉艺术的调适" 学术研讨会纪要	文物之声	2023-03-07
科技一直影响艺术，介入展览也是必然	环球 TIME	2023-02-21
中西绘画技法调适 140 件（套）外销画亮相广东省博物馆	金羊网	2022-12-14

"焦点"展抓住"一带一路"的契机，以外销画为切口，展示中西文化交流与融合的成果，收获了极高的传播热度和社会评价。广东省博物馆可在合适时机开展类似活动，如香港回归、广州起义、国际博物馆日等，以"百花开放、百家争鸣"为方针，多样化展示地方文化，吸引市民、游客参观学习，最大化实践广东省博物馆的社会责任。除此之外，在办展中还需对以下三个方面进行调整：一是增强策展中的互动比例。借助交互设计、虚拟呈现等技术，不仅能引导观众"主动"学习知识，激发他们的求知欲，还能提高展览的丰富性、娱乐性以及舒适性。二是促进资源整合，凸显广东特色。可加强与其他博物馆的合作，从不同的藏品中寻找广东特色文化并予以系统性呈现，扩展博物馆的工作视野。三是完善数字文物库。近年来，国家愈发重视国家文化数字化战略。对文物的保护，不仅体现在线下的各种措施，更有线上文物形态、视频多维数据的收集，可持续探索文物数字化保存新形态。此外，数字文物库还可考虑向社会无偿公开，加大文物数字资源开放力度，进一步满足公众欣赏、学习、研究文物的需要。

五、文创研发：展览之外的焦点

当我们参观博物馆时，能体验到什么？观看各主题类型的展览、参加丰富有趣的教育活动，抑或是打卡文创商店？"博物馆热"热度不减，公众在参观博物馆的"最后一站"都不约而同地选择了打卡文创商店，挑选琳琅满目的文创产品，将有纪念意义的产品带回家。

那么我们在博物馆能买到哪些特色文创产品呢？这要从博物馆文创产品开发的主题讲起，也就是文创产品所蕴含的文化元素。博物馆文创产品开发的主题大致可以分为如下几类：一是展览主题。博物馆除了固定陈列，还会举办各主题类型的临时展览，如原创展览、引进展览、交流展览等，为这些展览开发的文创产品常常被称作"展览周边产品"或者"展览周边"。二是馆藏精品文物主题。每个博物馆都有它的特色馆藏，以馆藏精品文物为主题开发的文创产品也更具博物馆特色。三是地域文化主题。例如，地域非遗文化、地域饮食文化等，都是博物馆文创产品开发的特色主题。四是博物馆视觉形象主题。博物馆的建筑、景观、logo 等，具有各家博物馆的鲜明特征。五是考古主题。随着公众对考古的关注度上升，博物馆考古主题的文创产品也日渐丰富。六是节日文化主题。节庆产品也是博物馆文创产品开发的重要内容，如为新春、元宵、端午、七夕和中秋等中国传统佳节开发的文创产品都属于此类主题。随着博物馆文创业务范围的不断拓展，文创产品开发的主题也日益丰富，产品也更加能满足公众的消费需求。

为满足公众的文化消费需求、提供更好的文化服务，在此基础上开发的展览文创产品，使博物馆实现了社会效益与经济效益的双丰收。展览文创产品开发已成为博物馆文创产品开发的常态化工作内容，也是展览项目的重要组成部分。在展览筹备之初，我们就将负责文创产品开发的人员纳入，并在备展的过程中与产品开发人员充分沟通与协作，朝着将方案落地的目标共同前进。

博物馆该如何做好展览文创产品的开发呢？这要从展览文创产品开发的特点讲起，基于其特点来开展工作。文创产品开发的一般过程大致包含策划、设计、打样、生产、上架、销售、宣传等环节。相较于博物馆其他主题的文创产品开发，展览文创产品开发有如下特点：一是观众关注度高。展览是博物馆最大的文化产品，是吸引观众参观博物馆的重要因素，尤其是各主题类型的临时展览常办常新，观众常来常新。展览周边产品作为观众可以带得走的"展览文化"，自然也受到热切的关注。

有时候博物馆展览预告在微信公众号一经发布，就有观众在推文留言区表达对展览周边产品的期待。二是开发时效性强。展览文创产品开发工作通常与展览筹备工作同步，展览周边产品须在展览开幕前完成上架并销售，保持与展览"步调一致"。文创产品的销售情况与展览相关，产品的销售情况好则展览的热度也更高。观众在看完展览走出展厅后，到文创商店逛一逛，更容易购买展览文创产品。三是开发主题"最具活力"。展览文创产品开发可以称为"命题作文"，需要根据不同的展览主题开发，且要"各有千秋"，体现展览主题特色。这就要求产品开发人员要充分理解展览内容，在此基础上将内容融入文创产品创意设计，通过文创产品将展览文化内容表达出来。四是产品系列化呈现。展览文创产品开发需要一系列产品，形成主题，多角度呈现展览特色。

"焦点"展汇聚了馆藏外销画精品，是广东省博物馆外销艺术品系列展览的又一精品力作。文创产品开发团队在一开始对展览内容不是那么熟悉，需要与策展人密切沟通、解读展览内容，在此基础上思考外销画主题展览能开发出哪些观众喜爱的文创产品，并通过文创产品这一载体展现外销画的艺术魅力。

外销画题材丰富，人物画、风景画、植物画等各具特色。文创产品开发团队以这三大题材的外销画为元素，紧扣展览主题，精心打造了五个主题的周边产品——展览视觉形象主题、幽默融合艺术风格主题、港口风景主题、打卡纪念主题、"花漾"文创美食美物主题，将展览文化内容多维度地呈现出来。产品类型有创意文具、家居装饰品、文创美食等。这些文创产品与人们的生活相结合，将文化融入生活，让我们在日常生活中就可以感知艺术之美。

图3-57　海报款多功能
笔记本（左）

图3-58　精选藏品图片
作为插页（右）

（一）展览视觉形象主题产品

　　展览海报是展览宣发的主视觉，"焦点"展海报以透视的图案表达"焦点"主题，从展标到画面都体现出展览特色。文创产品开发根据展览海报进行设计，延续了展览的视觉风格，使观众可以直观地感受到"焦点"的视觉艺术魅力。

1. 海报款多功能笔记本

　　多功能笔记本是本次展览文创产品中打磨时间比较长的一款，我们针对设计稿件、打样产品等与文创产品开发团队进行了多次沟通。笔记本的封面选用了展览海报（图3-57），内页则选取了展览图录的部分内容，比如藏品图片和介绍等，可以看作微型图录。笔记本不仅设计美观，也实用便携。外观的封面、内页的内容、书写的版式、纸张的材质，都是经过反复打磨才有的最终效果（图3-58）。这款产品让展览文化内容近距离可读可赏，也是观众看完展览后乐意购买的。

图3-59　海报款可收纳环保袋

2. 海报款可收纳环保袋

可收纳环保袋的设计延续了展览海报的视觉风格，画面表达了中西方艺术交流的对话感。这款产品的特点是便携、环保，方便收纳于包中（图3-59）。

（二）幽默融合艺术风格主题产品

此主题产品的开发思路是将外销人物画进行创意设计，让画面产生"对话感"，趣味化表达外销画这一具有中西文化交流特色的艺术品。设计从外销玻璃画《仕女抚卷神思图玻璃镜画》（图3-60）、《牧羊女图玻璃镜画》（图3-61）中提取人物元素，打造"趣拍焦点""吃货焦点"，让艺术品以有趣生动的形象示人，通过幽默的调适吸引大家欣赏展品。

图3-60　佚名绘《仕女抚卷神思图玻璃镜画》，18世纪晚期，玻璃镜油彩，广东省博物馆藏（上）

图3-61　佚名绘《牧羊女图玻璃镜画》，约1760年，玻璃镜油彩，广东省博物馆藏（下）

1．"趣拍焦点""吃货焦点"冰箱贴

设计方面，"趣拍焦点"冰箱贴（图3-62）和"吃货焦点"冰箱贴（图3-63）的创意主要体现在将外销人物画的图案进行重新设计，外包装卡纸的背景图案选取了原作的局部画面，体现了"焦点"的视觉风格；材质方面，冰箱贴通常是金属、树脂之类的材质，这次尝试了亚克力材质。

2．"趣拍焦点"帆布袋

展览的必备单品就是袋子，除了展览主视觉形象的文创袋，我们还开发了"趣拍焦点"帆布袋（图3-64），以满足公众多样化的消费需求。

（三）港口风景主题产品

展览中有大量的对港口海岸描写刻画的外销风景画（图3-65），反映了当时中西方往来交汇的繁荣。港口风光、船行万里纸胶带（图3-66）的设计分别选取了远景港口与近景帆船作为图案，拉开纸胶带，可以体会到画面的不同视觉感受，呼应了展览主题"焦点"的透视描写，体现出展览特色。

（四）打卡纪念主题产品

纪念意义是博物馆文创产品的基本属性，对于画展，印有画作图案的明信片、冰箱贴是很多观众必买的单品。基于此，我们开发了套装和单张明信片，以及

图3-62　"趣拍焦点"冰箱贴（上左）

图3-63　"吃货焦点"冰箱贴（上右）

图3-64　"趣拍焦点"帆布袋（下）

图3-65 煜呱款《广州港全景图》，约1845年，布本油彩，广东省博物馆藏（上）
图3-66 港口风光、船行万里纸胶带（下）

图3-67　佚名绘《元宵灯节图》，19世纪，通草纸水彩，广东省博物馆藏

两款冰箱贴，满足消费者的多样需求。明信片还配备了印章，既满足了观众的打卡盖章需求，也促进了明信片的销售。

1.《元宵灯节图》套装明信片

　　套装明信片展示了《元宵灯节图》12 幅完整画作，图 3-67 所绘为农历正月十五元宵灯会巡游的场景，向人们展示了精巧绝伦的民间工艺及各种表演艺术，表达了人们对生活、劳动的热爱及对来年丰收的美好愿望。这套明信片让大家对元宵佳节的风俗以及通草画有了认识。在元宵佳节之际，这套产品深受观众喜爱，是热销款。

　　套装明信片不同于单张明信片，其需要自成主题，才适合以套装的形式呈现。这款明信片的最大特色是其包装，风琴折页式的包装将《元宵灯节图》12 幅画作完整地统一在一起，最大化地呈现了画作的魅力（图3-68）。另外，包装上还有一

图3-68　《元宵灯节图》套装明信片（上）
图3-69　精品画作明信片（下）

段概括文字介绍了《元宵灯节图》，从而让消费者更好地了解藏品。包装也是产品整体设计的一部分，具有创意、实用、便携的包装，是吸引观众购买产品的重要因素之一。在打样这款明信片的过程中，我们发现将单张明信片从包装上取下来时，它的四个边角有不同程度的印痕。于是，我们通过修改包装卡纸的边角开口方式解决了此问题。

2. 展览精品画作图案单张明信片

该系列单张明信片的款式很丰富，我们精选了展览中的代表性画作印在明信片上，具备观赏与收藏价值（图3-69）。

3. 邮票造型风景画图案冰箱贴

冰箱贴因其物美价廉，且具有实用、纪念意义，是很多观众的必买单品。邮票造型的风景画图案冰箱贴（图3-70、图3-71），既能展现画作，又有纪念邮票的特点，满足了消费者的多样化需求。

（五）"花漾"文创美食美物主题产品

民以食为天，美食文创以美食的视角切入展览文化，创意无限，且与人们的生活联系紧密。中西方视觉艺术的调适，也是中西方味觉的调和，"花漾"主题产品的灵感缪斯是细腻优雅的外销植物画（图3-72、图3-73）。这种绘画，兼采中国古代园林绘画的材质、技法、神韵和近代西方植物学及绘画学的科学理念，具有独特的风格。外销画的装裱很多采用经典欧式画框，C形、S形和涡卷形曲线造型，以及柔和的淡金色，更加凸显了画作的细腻与优雅。

图3-70　广州街景图案冰箱贴（上）

图3-71　《广州港全景图》冰箱贴（中）

图3-72　HAN SHAM画室绘《菊花图》，约1820年，欧洲纸本水粉，广东省博物馆藏（下左）

图3-73　佚名绘《龙胆草》，约1805年，欧洲纸本水粉，广东省博物馆藏（下右）

图3-74　"龙咁威"咖啡紫薯淡奶油蛋糕（左）
图3-75　"有金执"老香黄斑斓叶淡奶油蛋糕（右）

1. "龙咁威"咖啡紫薯淡奶油蛋糕

　　蛋糕的图案元素来自外销画《龙胆草》，紫薯的天然淡紫色是高雅与精致的延续，淡奶油的口感依从本画的自然气息（图3-74）。

2. "有金执"老香黄斑斓叶淡奶油蛋糕

　　蛋糕的图案元素来自外销画《菊花图》，用粗奶油裱花作"画框"，加上老香黄的醇厚与斑斓叶的清新，是别具一格的味觉、视觉、嗅觉的融合（图3-75）。

图3-76 龙胆草花茶（左）

图3-77 老香黄姜糖拿铁、SOE厄瓜多尔金杯Maputo咖啡（右）

3.龙胆草花茶

龙胆草在传统医学中有广泛应用，在缓解咽喉肿痛上有显著功效，并能辅助治疗上呼吸道感染，增强身体免疫力。在特殊时期，推出这款"龙胆草花茶"热饮（图3-76），将艺术疗愈的功能发挥到了极致。

4. 老香黄姜糖拿铁、SOE厄瓜多尔金杯Maputo咖啡

脚步在18—19世纪调适艺术中穿行，味蕾在中西方美食的调和中绽放。变幻的艺术风格，不变的美味追求。"焦点"特调咖啡"老香黄姜糖拿铁"和"SOE厄瓜多尔金杯Maputo咖啡"（图3-77），从包装到口感都与展览主题深度契合。

图3-78　"花漾"马克杯

5."花漾"马克杯

　　中国瓷器的外销，促进了中西方文化的广泛交流。中国瓷器的艺术风格也给西方艺术的发展带来了崭新的元素与灵感。"花漾"马克杯（图3-78）将整套植物画复刻，直观地展示了中国外销艺术品异趣同辉的审美。

　　好的文创产品可以有效拓展展览的外延和内涵，并以新的媒介形式赋予文物全新的在场形式，实现让艺术走进生活、美化生活的愿景。为了让公众对展览的文创产品有所了解，我们在博物馆微信公众号对展览文创产品进行了专题宣传，推文《focus！什么是你的逛展必备？》中注明了产品的购买方式，公众除了在博物馆线下展厅出入口位置的文创商店可以购买产品，也可以在广东省博物馆天猫旗舰店购买。开放线上销售，让那些不能到现场观展的人也可以将展览文化带回家。推文末尾还写到"在评论区聊一聊，你的逛展必备产品有哪些？精选评论里列出的产品有机会列入粤博文创产品开发计划哦"，这也是多渠道收集观众意见和建议的方式之一。

通过"焦点"展的文创产品开发工作，我们有以下几方面的思考：一是产品设计与打样环节要更加细致。产品的创意设计很难得，流于形式的产品达不到宣传展览文化内容的目的。产品的包装设计应与产品本身相得益彰，现阶段还未能做到很好。设计与打样，即形式与载体的关系，好的设计需要适合的载体来表现。二是消费体验需升级。博物馆文创商店是一个展示、交流和服务的窗口，需进一步打造良好的文化消费氛围，为观众营造舒心的购物体验。展览周边产品应有专门的区域来陈列布置，并在展期内着重推介。三是产品类别有待拓展。进馆观众的餐饮服务、出行服务也可以成为展览文创产品开发的方向。开发与人们当下的生活紧密结合的产品，将文化融入生活，让人们在日常生活中感知优秀传统文化的魅力。四是观众需求调查还存在不足。博物馆文创产品开发还是要始终以人为本、服务观众。想要开发出符合观众心意的文创产品，就要充分了解观众需求。多开发针对不同年龄群体的产品。常规类型的产品也要做出品质，重视细节，让人有分享的欲望，自发地宣传喜爱的文创产品。当下，公众自发的宣传才是规模最大、效益最好的宣传，如有很多网友在自媒体平台推介博物馆展览和藏品、测评博物馆文创产品，自发创造"热点"。博物馆需要留意公众的关切点，满足其消费需求。五是要打造展览文创品牌。公众较为熟悉的热门展览周边产品，大多与国外展览的巡展有关，如大英博物馆百物展、捷克艺术家穆夏作品展，以及工艺美术运动大师威廉·莫里斯作品展。我们的原创展览品牌也要积极"走出去"，让文创产品配合展览一起走出国门，甚至是在展览开幕前就推出文创产品，更好地发挥展览文创产品对展览宣传的积极效益，多维度提升中华优秀传统文化的国际传播力和影响力。六是要守正创新。

著名建筑史学家、建筑师、城市规划师、教育家梁思成先生曾谈道："今日中国保存古建之外，更重要的还有将来复兴建筑的创造问题。欣赏鉴别以往的艺术，与发展将来创造之间，关系若何我们尤不宜忽视。""如何接受新科学的材料方法而仍能表现中国特有的作风及意义，老树上发出新枝，则真是问题了。"〔15〕传承与创造、老树发新枝，也是博物馆文创产品开发需要深入思考的。

我们欣喜地看到，来自五湖四海的观众，将博物馆作为旅游休闲打卡目的地，通过博物馆文创产品走近博物馆、喜爱博物馆。大众所熟悉的博物馆"出圈"产品，如陕西历史博物馆的唐妞盲盒、甘肃省博物馆的马踏飞燕公仔、河南博物院的玉佩棒棒糖、三星堆博物馆的考古盲盒、广东省博物馆的水下考古盲盒，可谓是博物馆的"流量密码"。这些特色文创产品不仅宣传了博物馆的精品文物，还为博物馆吸引来了众多观众。"一花独放不是春，百花齐放春满园"，当下文创产业市场火热，不只是博物馆文创产品，还有高校文创产品、影视剧周边产品也频频"出圈"，可见公众对于特色文化产品的消费需求。

中华优秀传统文化博大精深、源远流长，公众走进博物馆，可以通过观看展览、欣赏文物去感知和体会。文物不能带回家，文创产品可以带回家，当我们买到心仪的文创产品，走出博物馆，能收获什么？文创产品作为传承与创新中华优秀传统文化的重要载体，发挥着"润物细无声"的作用。著名学者、文物鉴赏家王世襄先生曾在有关明式家具的书中这样描述古代工匠的高超技艺："简已简成无可简，繁偏繁到不能繁。哲匠我惊叹！"〔16〕展览落幕、文创延续，开发展览文创产品，虽不能像古代工匠那样达到完美境界，但在追求尽善尽美的过程中，如能以匠心精神认真、细致地打磨每一件产品，努力为公众提供优质的文化服务，就会有越来越多设计创新、材质优良、工艺精湛的文创产品成为宣传中华优秀传统文化的亮丽名片。

注　释

〔1〕胡光华. 中国明清油画. 长沙：湖南美术出版社，2001：8.

〔2〕Crossman C L. The Decorative Arts of the China Trade: Paintings, Furnishings and Exotic Curiosities. Suffolk：Antique Collectors' Club, 1991：133.

〔3〕江滢河. 清代洋画与广州口岸. 北京：中华书局，2007：152.

〔4〕王次澄，等. 大英图书馆特藏中国清代外销画精华（第 1 卷）. 广州：广东人民出版社，2017：2.

〔5〕江滢河. 清代广州外销风俗画的形成与发展 // 广东省博物馆. 焦点：18—19 世纪中西方视觉艺术的调适. 广州：岭南美术出版社，2022：24.

〔6〕中国博物馆协会. 国际博协发布 2022 年国际博物馆日主题阐释.（2022-01-29）［2023-11-28］. https://www.chinamuseum.org.cn/cma/detail.html?id=12&contentId=12061.

〔7〕中国博物馆协会. 国际博协特别全体大会通过新版博物馆定义.（2022-08-25）［2023-11-30］. https://www.chinamuseum.org.cn/cma/detail.html?id=12&contentId=12403.

〔8〕安来顺. 变革环境下博物馆关键性认知的最大公约数——ICOM 2019 年京都大会以来博物馆定义修订的回溯. 东南文化，2022(4)：6-13，191-192.

〔9〕被赋予新定义的博物馆. 中国文化报，2022-09-02(3).

〔10〕安来顺. 今天的博物馆站在了哪里？——对 ICOM 博物馆定义修订的初步观察与分析. 东南文化，2020(1)：126-133，189-192.

〔11〕白芳. "焦点：18—19 世纪中西方视觉艺术的调适"策展解析. 故宫博物院院刊，2023(6)：91-101，142.

〔12〕奥姆罗德.学习心理学（第6版）.汪玲，等译.北京：中国人民大学出版社，2015：158.

〔13〕索耶.剑桥学习科学手册.徐晓东，等译.北京：教育科学出版社，2010：370.

〔14〕陈慧.后疫情时代博物馆教育再思考.客家文博，2022(1)：44-49.

〔15〕梁思成.梁思成中国建筑史.天津：天津人民出版社，2023：7-8.

〔16〕伍嘉恩.木趣居：家具中的嘉具.北京：生活·读书·新知三联书店，2017：30.

转换视角

Change the Angle of View

一、智慧导览：聚焦个性化服务

　　智慧导览是指智慧博物馆针对不同的观众群的需求提供个性化导览服务。基于用户需求是基于细分观众群数据以及观众画像，并在导览中保持博物馆与观众之间的双向信息互动，来实现博物馆针对不同用户群需求，提供更精准和个性化服务的目标。"焦点"展观众数量大，观众来自全国各地，对外销画、十三行、广东传统文化的认识和理解程度各异，需要细分观览需求，提供个性化导览服务。

　　"焦点"展在策展思路的基础上，结合广州美术学院的中国教育部人文社会科学研究规划基金项目"智慧博物馆展览的个性化阐释范式研究"，开发基于用户需求的智慧导览。基于用户需求的智慧导览设计是指开发能提供个性化服务的导览，其设计工作包括开发软件及其相关硬件等。软件开发包括能提供导览服务的用户端软件、能收集观众到馆或网络活动数据的软件、能智能分析观众动态兴趣与趋向的软件等。硬件开发包括导览终端硬件、室内无线定位硬件等。"焦点"展的智慧导览以开发软件为主，依托微信开发导览小程序，而硬件是观众自己的手机。

　　基于用户需求设计导览的趋势特征是博物馆以观众为中心，利用人工智能、云计算、大数据等技术为观众提供个性化服务。与传统博物馆的人工导览讲解相比，智慧博物馆导览成本更低、形式更灵活、服务更个性化，并能实时收集观众的参观数据，为博物馆展览提供信息反馈。"焦点"展的智慧导览小程序在观众接受调研的基础上，根据数据分析提供个性化讲解服务，并根据观众的参观行为推荐展品。

　　具体而言，基于用户需求设计导览是集成多种技术，建立博物馆智慧化、个性化导览服务系统。此系统具体包括智能推荐个性化导览路径、基于图像的无障碍文物快速检索、观众个性化导览内容生成、增强现实导览展示、个性化参观记录等服务。鉴于策展和管理要求，"焦点"展智慧导览小程序设计了智能推荐个性化导览路线、观众个性化导览内容推荐、个性化参观记录等服务。

　　广东省博物馆是我国最早试行建设智慧博物馆的文博单位之一，基于用户需求设计导览体现了智慧博物馆以观众为中心，为观众提供个性化服务的重要发展趋势，使观众可以更方便地快速理解展览内容。

（一）智慧导览小程序架构

　　"焦点"展智慧导览小程序的架构包括三部分：参观前推荐展览信息，参观时讲解和推荐展品，参观后回顾和分享所收藏的展品信息。设计架构的构思是基于为观众提供参观前预习、参观中推荐、参观后回顾的导览服务过程。这三个步骤是观众认识、学习、理解展览内容的过程。架构是通过智能化手段将这三部分结合起来，在参观前为观众推送展讯，方便观众认识展览内容，吸引观众来博物馆观览。然后，根据观众的基本背景信息推测观众喜好，在参观过程中推荐参观路线和展品。参观结束后，小程序可以回顾观众喜爱的展品，观众也可以通过小程序分享观展收藏的外销画。小程序架构设计适合观众个性化的观展需求，能增进观众对展览知识的理解。

（二）参观前推荐"焦点"展讯

"焦点"展智慧导览小程序的第一部分是向观众推送展讯，吸引观众参观。在观众参观之前，智慧导览小程序通过向观众的手机推送"焦点"展时间、地点、位置、内容的基本介绍，便于观众先大致了解"焦点"展，做出是否观展的决定。如若决定观展，便可根据展览时间预约门票，选择去广东省博物馆的交通方式等。

（三）参观中推荐参观路线和展品讲解

智慧导览小程序的第二部分是为观众在观展中提供个性化推荐和导览服务。小程序会通过观众问答的形式分析观众特点及其观展需求，形成观众画像，并根据画像来提供"推荐观展路线""推荐展品""讲解展览内容"等个性化导览服务。

1.观众自选提供基本背景信息

为给观众提供个性化导览服务，智慧导览小程序在观众进入开始界面后，会在接下来的界面上咨询观众三个问题，观众自选回答：第一，请问您此次与谁一起来观展？第二，您预留给本展览的观展时间是多少？第三，您认为下面哪些词语能形容您？（最多选三个）。这三个问题，第一个是推测观众的观展目的，第二个在于根据所选的观展时长预计系统应推荐的内容量，第三个是为推测观众的个人喜好，便于推荐相关展品。

智慧导览小程序根据自选答案推测所服务的观众特点，为个性化导览做准备。例如第一个问题，如果观众是一个人参观，系统会推测他是带着学习或审美目的来参观"焦点"展；如果是与孩子一起参观，系统会推测其观展目的可能是亲子教育；如果与朋友一起来，参观可能带有社交目的。对于第二个问题，如果观展在15—30分钟，这位观众也许只想大致了解外销画；如果1—2小时或不赶时间，这位观众可能对外销画很有兴趣，希望深入理解外销画。第三个问题类似观众画像的关键词，可以推断他／她观展的偏好。例如，观众选择了"视觉动物"，则其可能以审美或看画为主要目的；如果观众是"历史挖掘者"，其有可能会带着深入学习甚至研究目的来观展。观众回答好这三个问题后，系统会串接起答案，形成对这位观众观览目的和特点的初步推测。例如，第一个问题选"与孩子一起观展"，第二个选"1—2小时"，第三个选"广州街坊"，系统会推断这位观众居住在广州，带孩子来观展并进行亲子教育。系统在他／她接下来的观展过程中会给予相应推荐，如推荐与老广州历史场景有关的展品作为重点讲解内容。

2.根据观众特点推荐参观路线

　　根据观众特点和观展需求，导览系统会推荐三条参观路线以及相关展品，供观众自选（图4-1）。观众特点和观展需求是系统通过分析观众自选回答的问题，推断出的观众背景、偏好以及希望观赏的展览内容等。推荐参观路线和展品是通过个性化导览，来优化观众参观体验的智慧化展览服务。

　　"焦点"展共展出130件／组展品，智慧导览小程序预设推荐60分钟、45分钟、30分钟三条参观路线，并预备推荐38件／组重点展品。60分钟的参观路线是详细介绍全部重点展品，并提供完整讲解内容的导览路线。这条参观路线主要满足带着学习、研究目的的观众群。45分钟的参观部分重点是为了服务来探索体验的观众，系统向他们推荐参观部分重点展品。30分钟的参观路线是为服务以休闲为主的观众群，系统推荐的路线能方便他们基本了解"焦点"展的重点展品和内容，提供简

图4-1　智慧导览小程序推荐的参观路线

版内容的展品讲解服务。三条路线会根据观展时长、展品特点向观众分别推荐参观线路上的展品，并讲解其内容。

3.个性化推荐展品和讲解服务

针对不同背景的观众，智慧导览小程序预备了不同类型的讲解词语音服务，可推荐给不同观众使用，或由观众自选。小程序准备了为普通游客提供的完整版／精简版讲解词，以及为儿童准备的儿童版讲解词。完整版的讲解时间大约为2—3分钟，较为完整地介绍展品的历史、作者、画种、材料、技法、审美特点等，使观众能较全面地了解展品的知识内容。精简版的讲解时间基本在1分钟左右，简要介绍作品的画种、作者、基本历史背景等信息，保证观众能快速了解作品的基本知识。英语和粤语讲解词来自完整版内容。设置粤语服务是考虑"焦点"展内容多与十三行、老广州等广府历史文化有关，所以提供粤语讲解来满足粤、港、澳地区观众尤其是其中的中老年观众的观展需求。

智慧导览小程序会根据用户的个性化观展需求推荐其感兴趣的展品。判断的标准是观众画像与展品的预定义的匹配。观众画像内容包括他／她的居住地，对历史的兴趣，对外销画的内容、画种、作者等的偏好，等等。画像内容可以根据观众的观展内容选择动态调整，即系统能持续根据观众的个性化观展需求做出调整，并变换推荐内容。系统对展品做了预定义准备，定义了外销画的画种、内容、作者等，能根据观众画像在参观路线上推测其感兴趣的展品，推荐匹配的展品。

观众也可以按照自己的观展内容，在小程序的"展品列表"的"现场点播"界面，选择展品编号听讲解。这部分功能与常见的讲解机类似。为了加强观众与讲解内容的互动，智慧导览小程序在"现场点播"部分设置了搜索功能，观众可以输入展品序号、名称或画作材质类别，搜索对应的讲解。在"展品库"部分，观众可点赞自己喜爱的展品讲解，小程序会记录进系统，一方面可以优化观众画像，另一方面可以为观众提供展览回顾。

（四）社交与参观后展览回顾

　　智慧导览小程序为加强观众之间的互动以及观众对展览内容的回顾，在系统中设置了分享展览内容、邀请好友参与、回顾观展内容等服务。这些服务增强了展览的社交服务功能，促进了观展后观众的交流与分享。

　　依靠微信平台，观众可将导览小程序的各个页面分享给朋友，方便观众在朋友圈传播和交流"焦点"展。也可以邀请好友加入小程序，互动分享观展心得。分享页面与邀请好友服务增强了小程序的社交服务能力，扩大了展览的传播范围。

　　小程序在导览过程中设置了点赞、收藏功能，并记录下用户听过讲解的展览内容，一方面为导览过程中调整观众画像提供信息，另一方面为观众回顾观展内容留存数据。系统赋予观众看过的、点赞的、收藏的作品不同权重，从而更精准地推测观众的观展需求。系统也会记录下这些作品，让观众在观展后能回忆观展过程、回顾自己喜爱的作品。

二、观众调查：了解观众需求与兴趣

　　18—19 世纪，广州是世界贸易网络中的重要节点。贸易全球化的背景下，广州成为世界文化、艺术交流的门户和窗口。时至今日，外销画留存了 18—19 世纪中国社会的丰富图像，成为我们了解已经消逝的历史和风俗的重要实物，被研究者定义为"历史绘画"，具有一般艺术绘画无法比拟的历史研究价值。广东省博物馆作为广东的文化展示窗口，每年接待数百万观众，其策划的品类丰富的临时展览尤其深受观众喜爱。展览的意义不仅在于"历史时空"的再现，也在于与这些图像相关的一些人和事，与今天人们的生活依旧有着微妙的牵连。2022 年 12 月 6 日—2023 年 3 月 26 日，"焦点"展以两个展厅的规模进入观众视野，讲述了 18—19 世纪广州外销画画家在画艺、画技和画材三个方面的创新，从而开创中西方视觉艺术对话与调适的"广州时代"的故事。

展览的最终目的是呈现给公众一场文化盛宴，所以应针对性地了解和满足观众的口味，并竭力得到观众的积极回应，让展览充分发挥其价值。为此，我们分别开展了展前调查和展中调查。展前调查的开展时间为 2022 年 7 月 12 日—2022 年 7 月 22 日，共计回收有效样本 664 份。展中调查的开展时间为 2023 年 1 月 13 日—2023 年 2 月 28 日。展中调查分为观众行为观察记录和问卷调查，其中观众行为观察记录共计回收有效样本 50 份，问卷调查共计回收有效样本 620 份。

借助展览观众调查，我们可从中了解大众对于外销画的兴趣，并发现其认知特点。同时，收集到的观展评价和反馈，为后续展览建设提供了优化参考。

（一）展前调查

展前调查结果显示，超半数观众对"外销画"主题展览十分感兴趣。此外，有四成多观众对"外销画"主题展览有点兴趣。可见，观众对"焦点"展抱有较强烈的兴趣。当询问观众是否会参观 "外销画"主题展览时，也有半数左右的观众表达了会参观的意愿。

观众对展览的预期当中，有关展览内容的部分，最想了解的是外销画出现的历史背景，人数在八成以上。观众较为关注的其他内容分别是外销画对欧洲"中国风"

艺术风格的影响、外销画对欧洲绘画的学习和借鉴、外销画的绘画技法及特点，以及外销画的艺术价值和历史价值（图4-2）。

在绘画题材方面，观众对风景画、风俗画、肖像画的兴趣，相较船舶画、植物画更为浓厚。在绘画类别方面，油画颇受观众欢迎，其次是水彩画和玻璃画，通草画和素描画相对比较"冷门"。调查发现，有较多的观众没听说过"通草画"一词，但大多数外销画的绘画材料为通草片。因此，展览着重通过相关展示，填补观众的认知空白。

随着展览的展现形式日益多样化，三成以上的观众希望能沉浸式体验展览，两成以上的观众则更倾向搭配图文介绍，而另有部分观众希望结合数字化互动设备和视频图像设备观展（图4-3）。

此外，男性受访者更偏好在展品陈列的基础上配合图文介绍，其次是视频图像设备和沉浸式体验。女性受访者更希望在展品陈列的基础上配合沉浸式体验，其次是图文介绍和数字化互动设备。

在体验项目选择上，有近六成观众更倾向在展厅休息区观看视频或翻阅相关书籍、能够参与互动活动（如知识问答、互动游戏、展品的背后小故事、展品细节说明等），其次是在现场演示活动和专家学者导赏，少部分观众会选择利用二维码下载更具体的展品说明。

博物馆如今为观众提供了多种展览解读方式的选择，其中，最受欢迎的仍然是人工讲解。观众希望有专业人士的引导与讲解，从而对外销画有更深刻的了解。此次调查显示，VR设备导览受到观众日益浓厚的喜爱，兴趣程度超过了常规的宣传册、微信语音导览、语音导览器。这也提醒我们，在展览当中需要不断关注新手段的运用和观众随时变化的需求。

具体而言，对于人工讲解的时长，超半数观众能够接受时长在40分钟以内，另有三成多观众可接受时长为41—60分钟，仅不到一成观众可以接受90分钟以上的时长。如何在保证导览服务品质的同时不使观众感到疲劳，是值得注意

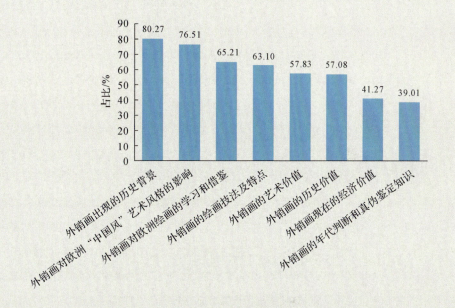

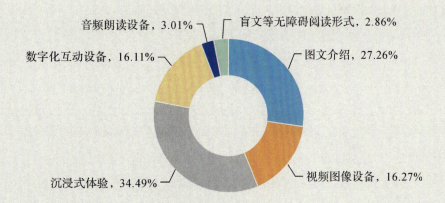

图4-2 观众最想了解的外销画内容（上）

图4-3 观众希望在展品陈列的基础上配合的展现形式（下）

的问题。

在展览相关活动中，展览导赏最受青睐，有八成以上的观众希望的教育活动形式为展览导赏。其次是线下教育活动（馆内）、专题讲座和线下主题活动（馆外），观众对线上活动（视频、游戏、答题互动等）兴趣不高。大部分观众对举办"外销画"相关的教育项目是有兴趣参与的，这也体现在展览过程中，观众积极参与《爱粤读》、《学习纸》、"万物为纸"、"呱呱找不停"、"东方彩韵"等教育项目。

文创产品是传统文化传播的载体，文创产品不仅受到外地游客的喜爱，也吸引本地青年成为"粉丝"。观众通过购买、赠送这些文创产品，表达文化归属感和认同感。对于博物馆展览的配套文创产品，观众最看重的是其文化底蕴，其次才是设计精良、有纪念意义。虽然价格是否实惠不是放在前面考虑的因素，但观众普遍能接受的产品价格集中在 100 元以内。

（二）展中调查

根据展中调查，将近半数观众对"画艺的调适"最感兴趣，该板块主要展示的是外销画杰出人物肖像画、海港画和船舶画；约三成观众对"画技的调适"感兴趣，该板块主要展示的是风俗画（市井风情、民风民俗、生产生活）、风景画（港口风光、城市风貌、岭南园林）；有不少观众对"画材的调适"感兴趣，该板块主要展示的是使用不同材料和技术的外销画（图4-4）。

观众最感兴趣的外销画题材是风景画，其次是风俗画，这与展前调查显示的观众兴趣基本一致，也大致符合展厅各板块布局比重。展厅有关风景画、风俗画类的实物展示较多，这也是给观众留下深刻印象的原因之一。

在观众想了解的有关外销画的背景知识当中，观众最感兴趣的是展品背后

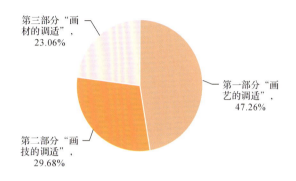

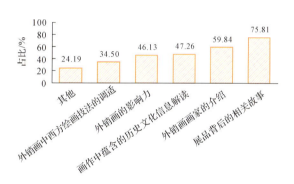

图4-4　观众对各展览板块的感兴趣程度（上）

图4-5　观众感兴趣的外销画背景知识（下）

的相关故事，其次是外销画画家的介绍，而画作中蕴含的历史文化信息解读以及外销画的影响力，对观众来说也较有吸引力（图4-5）。

　　展中问卷调查结果显示，有73.71%观众来博物馆观展带有目的性，或为了了解历史文化，或为了追求自己的爱好。六成多观众专程为参观广东省博物馆而来，其中一成多的观众是专程前来参观"焦点"展。

　　整体而言，观众对"焦点"展的知晓度和认同度较高，各方面认同度得分均在80分以上（表4-1）。大部分观众表示在观展后能了解到广州18—19世纪的社会生活、人文自然、市井百态，对中西方绘画艺术的糅合有了更多的了解，也能感受到外销画的特殊审美韵味。

表 4-1　观众认同度得分

请问您是否同意以下说法	认同度得分
通过外销画我了解到特定历史时期的社会生活、人文自然、市井百态	87.81
我感受到了外销画的特殊审美韵味	85.35
我对中西方绘画艺术的糅合有了更多的了解	84.68
我认为当时外销画对整个西方艺术市场产生了深远影响	84.45
我对 18—19 世纪的中西文化交流史有了更多的了解	84.26
我感受到了全球化对历史进程产生的深刻影响	84.26
我对外销画画家有了更多的了解	81.19

三、意见反馈：他者眼中的焦点

（一）观展满意度统计分析

　　观众对展览的整体价值比较认可，各个方面的赞同度得分均在 80 分以上（表4-2）。观众普遍认为"焦点"展是具有历史意义、审美价值和文化底蕴的。

表 4-2　观众对展览价值的赞同度得分

对展览的评价	赞同度得分
有历史意义	94.52
有审美价值	93.71
有文化底蕴	92.58
内容丰富	91.29
有教育意义	89.19
富有趣味性	82.90

　　观众对展览配套服务比较满意，各个方面的满意度得分在 80 分以上（表4-3）。其中，展厅整体氛围满意度最高，得分为 90.58；其次是展品种类数量，得分为89.90；再次是展品陈列设计，得分为 89.77；得分最低的是文创产品体验，为83.97，这方面需进一步加强。

表 4-3　展览配套服务满意度得分

对展览的评价	满意度得分
展厅整体氛围	90.58
展品种类数量	89.90
展品陈列设计	89.77
空间环境设计	89.65
辅助图片信息	87.55
展品文字说明	87.39
观展路线指引	85.94
展览教育项目	85.84
展厅多媒体互动	84.97
展览讲解体验	84.48
文创产品体验	83.97

在观展与推荐意愿方面，超过八成的观众表示愿意再次参观"焦点"展。其中，有 46.29% 的观众表示非常愿意再次参观，有 35.32% 的观众表示比较愿意再次参观。大部分观众认为"焦点"展存在其价值与意义，值得推荐亲友或其他人前来参观。调查结果显示，有 49.03% 的观众表示一定会推荐亲朋好友前来参观；有 41.94% 的观众表示可能会推荐亲朋好友前来观展。从整体上看，"焦点"展的观展价值相对较高，外销画展览也受到观众的大力支持。

（二）观众说

观众在留言中纷纷表达了对展览的喜爱，并提出了很多建设性的意见（图 4-6、图 4-7）。"文物展现的历史和故事都让我动容，特别是展览所呈现的以'外销画'为媒介的中西文化交往，让更多人对 18—19 世纪广州的历史风貌有了更深入的认识。""我了解到我们广州 18—19 世纪的社会风气和风貌，我看到了我的城市在珠江边的生活，了解到了广州也是贸易网络中的重要节点。""我们在这些外销画中感受到了历史的印记，很震撼。"观众留下的感受与意见圆满实现了展览与观众之间的信息互动。

展览内容很丰富，脉络很清晰，从画艺、画技和画材几个方面展开叙述。尤其需要表扬志愿讲解的小姐姐，从历史背景、绘画技巧、粤语方言等多个角度，娓娓道来，连续讲了快两个半小时。

展览集纳了粤港澳优秀的绘画作品，展示了中西融合的独特艺术品。展览有很多互动黑科技装置，可以体验，也可以拍照，最好带相机。展品量大，画作细腻，建议慢慢观赏。

　　与省博进行了几次的合作，更加深了我对省博的关注，趁周末去看了省博最新的主题展览——"焦点"。"焦点"展是粤港澳三地的博物馆共同策划的优秀展览，包含大量精美的外销画作，讲述了18—19世纪中西方视觉艺术的调适。外销品、外销画的展示，一向是省博的优势所在。这次让我很惊喜的是展览中充满各种不同的科技互动元素！LED屏展示"廷呱"的画室，四屏联动让观众自己制作一幅数码"名画"，互动电子屏展示乐器及播放由对应乐器演奏的乐曲。除了动态展示，还有静态的知识点展示，如通草纸的制作等。作为一个商业地产人，这场展览给我的感觉是惊喜的。现在在各类节日节点，商场总是斥巨资在美陈中融入各种科技互动，以求自己拥有"digital"的噱头。而博物馆，不是一个营利的商业体，但在用新科技展现展览和知识上，做得比一众商场都要出彩，更有意思。连文创产品的售卖，也使用专用的自助售卖机。博物馆在科技与审美上的进步，真的是让人感到惊喜。

　　挺有意思的展，画作多是外销画，结合了西方绘画用料及技巧、岭南独特的风景、中国画传统的表现手法，形成一种很独特的风格。很多是以十三行和澳门景色为主题的画。我平时就有关注外销画，看惯了中式绘画的风格，当它们以油画形式出现，又是另一种感觉。

　　非常喜欢展览前面的一句话："这是一段曾经被人遗忘却一直延续至今的故事。"带着这句话走进展厅，仿佛置身于那个风云变幻的时代。中西方交汇影响着许多，其中便包括绘画。以中国传统色彩搭配西方光影技法的绘画大量出现。而省博的这个展，便是把这段时间的这些绘画呈现出来，让人流连忘返。

　　今天去广东省博物馆看"焦点"展。志愿讲解员李老师实在是太棒了，无论是吐字发音、语速语调、节奏把控、眼神交流，还是由此及彼的讲解内容，把整个展览梳理得既清晰又"华丽"，让听者很享受。

左侧表格：

2023年2月19日

日期：20<u>23</u>年<u>2</u>月<u>19</u>日　星期<u>天</u>　天气：<u>晴转阴</u>

今天，我和<u>我的班级同学</u>　第<u>一</u>次来到广东省博物馆参观，现在已经参观完<u>2</u>个展览，在刚刚这个展厅大概待了<u>50</u>分钟。

我的参观感受是：<u>我预约看到我们开了18.19也记用南京气和风锅，看我们球域帕珠顶心当点，文征项，都是那3谢刊打小提琴等贸易网络中的重要角色</u>

我印象深刻的展品有：<u>《珠江水色》</u>

我觉得这是一次<u>令人深刻印象</u>的参观经历，我要为这个展览点亮<u>4</u>颗星：

★☆☆☆☆

我来自<u>四川成都</u>，今年<u>16</u>岁，我喜欢看<u>欣</u>方面的展览，如果有这类展览和活动，希望博物馆可以及时告知我。

请通过邮箱/电话：<u>××××××××××</u>联系我。

男生/女生

右侧表格：

2023年2月8日

日期：20<u>23</u>年<u>2</u>月<u>8</u>日　星期<u>三</u>　天气：<u>晴☁</u>

今天，我和<u>我妈妈</u>　第<u>1</u>次到广东省博物馆参观，现在已经参观完<u>1</u>个展览，在刚刚这个展厅大概待了<u>60</u>分钟。

我的参观感受是：<u>油草纸和玻璃丝画很年！</u>

我印象深刻的展品有：<u>同上</u>

我觉得这是一次<u>美好</u>的参观经历，我要为这个展览点亮<u>4</u>颗星：

★☆☆☆☆

我来自<u>成都</u>，今年<u>21</u>岁，我喜欢看<u>各种各样</u>方面的展览，如果有这类展览和活动，希望博物馆可以及时告知我。

请通过邮箱/电话：<u>××××××××××</u>联系我。

<u>逸水</u>　男生/女生

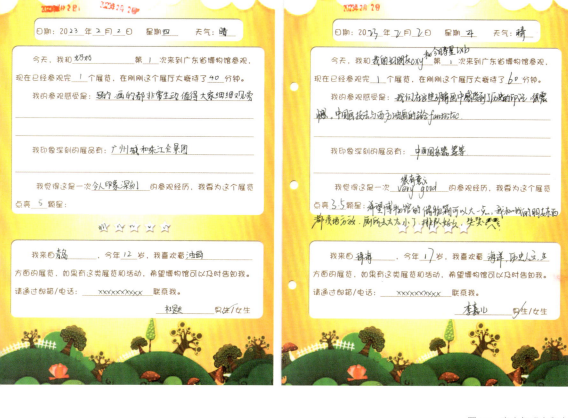

图4-6　青少年观众留言

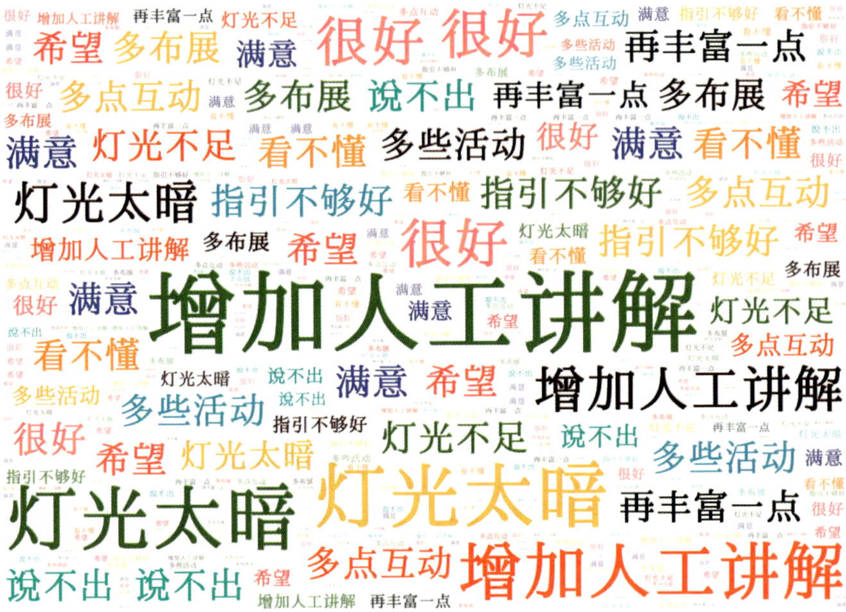

图4-7 "焦点"展的观众意见与建议词云

（三）专家说

为有效提升展览展示水平，我们特别邀请了在展陈领域学识渊博、建树成果丰硕的浙江省博物馆馆长陈浩先生、江苏省美术馆副馆长陈同乐先生、上海大学现代展陈设计研究院执行院长李黎先生、北京艺术博物馆馆长杨玲女士，作为评议专家莅临展览现场进行指导。

"焦点"展亮点纷呈。

一是展览立意高。通过广州这一中西方文化交流的窗口，透过外销画这一中西方互鉴的代表性事物，以小切口、大视野，印证了"文明因多样而交流，因交流而互鉴，因互鉴而发展"。

二是展览内容新。这是一个原创性展览，以学术研究为基础，以学术观点为导向，充分整合粤港澳相关展品资源，在有限的空间内讲述了一段曾经被人遗忘却一直延续至今的故事。

三是展览形式美。通过展品的组合、展项的融合，以及艺术手法和技术手段的合理运用，进行展示空间的再造，构筑了信息有效传播的视觉场域，给观众留下了深刻的印象。

我认为，"焦点"展是一个精品展览。

——陈浩

（四）学者说

为确保展览内容文本的科学性、严谨性与准确性，我们特邀中外文化艺术交流史领域的资深专家，中山大学历史系江滢河教授、孙中山大元帅府纪念馆程存洁研究馆员、广州艺术博物院陈滢研究馆员对展览内容文本进行审阅斧正。

展览以中西方视觉艺术对比的方式，对18—19世纪中国华南沿海出现的中西方绘画进行展览陈列，分别从人物、技术、主题等不同方面，向观众展现中西方不同画家出于不同目的绘制的绘画，是如何通过调适和交流，最终形成具有创造性的共享视觉文化。展览大纲完整，体现出对展览整体把握明确，主题突出鲜明，能够集中展示广东省博物馆所藏18—19世纪广州外销画之精华，是一个令人期待的展览。需要注意的问题是，对18—19世纪中国华南沿海出现的中西方绘画，在历史发展过程中不断演变，不同历史阶段的中西方绘画在题材和内容上，都有不同的特点。第一部分所选取的三对比较对象，如何确定它们具有可比性和代表性，需要进一步明确。相关研究成果存在进一步消化吸收的空间。第二部分的玻璃画，并非指主题，而跟植物画、肖像画等并列，似乎并不太合适，可能放在第三部分画材部分更合适。展览大纲有些表述需要进一步修改调整，对有关画作进行更准确的说明。

——江滢河

展览大纲以"中西方视觉艺术的调适"为主题，以一种创新性的思路去解读清代历史绘画（外销画），立意很好。大纲突破了国内同类展览大多从中西方贸易发展、华南商港风貌、中国古老风情等角度切入的固有模式，从研究"历史图像"到研究"绘画本体"去策划陈列展览，体现了编撰者在该领域的深入研究与多方拓展。展览大纲以广东省博物馆以及省内其他博物馆收藏的18—19世纪的中西方历史绘画为主体，文物基础扎实；又辅以丰富翔实的中外历史文献资料，再配以中英文的说明，整个陈列展览内容丰富、内涵深厚，有相当的学术水平。展览大纲分为画艺的调适、画技的调适、画材的调适三个部分，下辖数个单元，其构思新颖、结构别致、条理清晰、语言流畅。需要商榷之处是：（1）美术学语言的运用还不够，有的展品说明并没有扣紧展览主题"中西方视觉艺术的调适"去写，建议对不同的展品，分别从西方人眼中的中国情调（题材、审美）、中国人掌握的西画表现（形式、技法、材料）、绘画呈现的艺术风格（西方人：有东方元素的西画；中国人：融会中西／不中不西的外销画）等方面加强一下点题。（2）第一单元"钱纳利＆林呱画室"，由于馆藏的局限，这两个重要人物的展品较为单薄：钱纳利的都是画稿，林呱只有几幅一般性的油画。

建议增加两人的油画名作资料（以静态的图片或者动态的 LED 屏展示）。

——陈滢

　　展览大纲，能站在学术前沿，从国际学术界普遍关注的"视觉艺术"视角，对 18—19 世纪在中国华南沿海地区新兴的融中西方绘画艺术风格于一体的绘画作品做深层次解剖，不仅展陈思路新颖、结构明晰，而且内容也丰富。这是一份富有新意的展览大纲。这里提出几条修改意见：（1）关于"画技的调适"部分中的第一单元谈玻璃画，是按绘画的载体（质地）来划分的，而其余的五个单元又是按绘画反映的内容进行划分的，因而二者不相统一。建议将第一单元里的相关内容并入其他单元，因为玻璃画里反映的内容既有植物、肖像和船舶，也有风景、风俗。（2）建议"画艺的调适"部分中增加水粉和素描，因为油彩、水彩、水粉、素描都是重要的画种，四者既紧密联系，又有差异。（3）"视觉艺术"通常是指以观看为欣赏方式的平面艺术作品。而本展览未涉及版画和摄影等作品。为避免歧义，建议在前言部分增加说明，以明晰概念内涵。

——程存洁

转换视角

Change the Angle of View

结 语

这是一段影响至今的故事

　　"焦点"展以"中西方视觉艺术的对话与调适"作为策展理念，通过钩沉广州口岸众多被人遗忘的无名画家所从事的中外艺术交流活动，讲述中国外销画是全球化历史发展进程中的产物；通过解读18—19世纪的中外艺术家在画艺、画技、画材等多个方面相互借鉴、相互调适，再现中西方文化艺术交流的"广州时代"；通过还原一段被遗忘的中国早期油画史面貌，构建一个开放式话题讨论的焦点，重新审视中国油画史的开端及其在西方装饰艺术史中的作用和地位。展览的形式设计、教育互动、文创研发等策展环节均紧扣"中西方视觉艺术的对话与调适"这一策展理念，从不同的角度呈现中西方文明交流互鉴成果，为推动构建人类命运共同体注入新动力。而今，展览虽然已经结束，但展览的影响力依旧在持续。

图5-1　学术研讨会海报

一、学术研讨会：推动中西艺术交流史前沿研究

2023年2月18日至19日，中山大学历史学系、广东省博物馆共同主办，中山大学广州口岸史研究基地、广东省博物馆外销艺术品研究中心承办的"焦点：18—19世纪中西方视觉艺术的调适"学术研讨会（图5-1）在中山大学广州校区举行。会议采用线上线下相结合的方式进行。来自英国独角兽出版集团、法国高等研究实践学院东亚文明研究中心、中央美术学院、南开大学、中山大学、中国国家博物馆、故宫博物院、河北博物院、广东省博物馆等国内外重要高校和科研机构的30余位学者参加了研讨会，同时在线人数逾200人。

本次研讨会是关于清代外销画的一次重要学术会议，既是对展览主题"话题讨论中的焦点"的回应，也是对展览愿景"这是一段曾经被人遗忘却一直延续至今的

图5-2　《"焦点：18—19世纪中西方视觉艺术的调适"学术研讨会论文集》

故事"从学术层面展开的一次深入探讨。与会学者围绕物质文化与视觉文化、形象研究、外销画综合研究等方面的内容进行了深入热烈的讨论，他们的学术观点代表着这一领域的最新研究成果和发展趋势，反映出学术界对物质文化和视觉文化研究中的热点问题。中山大学历史学系江滢河教授指出，本次研讨会的主题从清代外销画拓展至外销工艺的多个门类，具有重要意义。广州作为中国与世界连接的窗口，外销工艺品的生产是体现在中国与世界重大转变时的历史内容，相关研究具有跨学科研究的特色，大大拓展了广州口岸史的研究。中央美术学院人文学院院长李军教授在会议总结中提出，清代外销画未来的研究方向应是加强外销画的个案研究和在地化研究，关注消费者群体及外销画对消费者所在社会的文化和艺术影响。

　　会后，主办方在精心遴选与会代表的会议论文基础上，编辑出版《"焦点：18—19世纪中西方视觉艺术的调适"学术研讨会论文集》（图5-2）。在该部论文集中，各位作者从不同维度对中西艺术交流史进行梳理，对视觉艺术全球化的议题进行了颇具启迪性的探讨，这都将有力地推动中西艺术交流史的前沿研究。

学术研究是博物馆开展各项业务工作的重要基石。广东省博物馆专门成立了"图像人类学研究中心""外销艺术品研究中心""海洋出水文物保护中心"三大研究中心，旨在构建学术研究平台，做强优势研究领域。此次举办的"焦点"展及其学术研讨会就是外销艺术品研究中心开展相关学术研究的重要成果体现。

二、虚拟策展人：讲述与众不同的焦点故事

美国博物馆学家妮娜·西蒙（Nina Simon）在其著作《参与式博物馆：迈入博物馆2.0时代》一书中提出"参与式博物馆"的概念，即"一个观众能够围绕其内容进行创作、分享并与他人交流的场所"。"观众在博物馆不再是被动接受和消费馆方制作的内容，而是主动创造和建构自己的内容，并与他人一起分享和探讨。以往信息的线性传达被多向传达所取代，博物馆不再被奉为知识的权威，人人都有权制作并传播自己的知识。"[1]鉴于此，"焦点"展特别开发了"虚拟策展人"小程序，在特定的空间和展线上，观众可以自主地策划自己心目中的"焦点"故事。

"虚拟策展人"H5小程序，分为"策展"及"电子图录"两个模块。策展模块中，一共有66件展品，分两期上架（一期30件，二期36件）。玩家可在"藏品列表"中挑选展品，添加到"展品清单"，选择适合的展厅风格（图5-3），挑选

中式复古画集　　西方古典小画集　　近现代艺术画集

图5-3　不同的展厅风格

六件展品，编辑展览名称与介绍，发布自己的展览。玩家发布的所有展览会在"正在展览"中展示，按照时间线的顺序排列。玩家可以截图将展览海报分享至社交媒体。电子图录模块中，玩家可以阅读展览图录的电子版，以扩充相关知识信息。"虚拟策展人"有线上、线下两种宣传途径：线上可从广东省博物馆门户小程序首页、公众号推文，以及玩家分享到社交媒体上的展览海报，扫二维码进入；线下可以从展厅外电子屏宣传海报，以及展厅内KT板，扫二维码进入。玩家发布的409个展览中，约有100个较高质量的展览，占比约1/4。

　　"虚拟策展人"是广东省博物馆首次推出的一个实现"人人都是策展人"需求的策展新尝试。活动的举办有效地延续了展览的热度、增强了观众与展览之间的黏性。在409个发布的展览中，有近70个展览是在撤展后发布的，直至"虚拟策展人"小程序从广东省博物馆门户小程序汇总下架。展品的定期上新，提升了展览活跃度和关注度。此外，"虚拟策展人"中的展品定期上新并结合推文宣传，可以不断提高观众的参与度。尤其是二期上新推文发布后，参与人数涨幅较大，产生了一定活跃用户的效果。活动的举办，激发了观众的热情，搭建起博物馆和观众之间沟通的桥梁。从发布内容中可以发现，参与策展的玩家对展品有更深的记忆和认识，实现了玩家与展览之间"输入—输出"相结合的双向互动，观众不再是被动地接收信息，而可以利用网络和社交媒体积极地参与博物馆信息的创作、分享和传播中。

三、巡回展览：开启下一段新旅程

为贯彻落实《粤港澳大湾区发展规划纲要》"共建人文湾区"的要求，进一步推动粤港澳大湾区文化全方位深层次合作，由广东省文化和旅游厅、澳门特别行政区政府社会文化司指导，广东省博物馆（广州鲁迅纪念馆）、澳门艺术博物馆主办的"焦点：18—19 世纪中西方视觉艺术的调适"展览将于 2024 年 5 月 11 日—2024 年 8 月 11 日在澳门艺术博物馆展出。该展览也是粤港澳大湾区博物馆联盟创立后举办的首个出境展。

展览以广东省博物馆 2022 年举办的原创同名展为依托，联合以历史绘画收藏为特色的香港、澳门多家文博机构，共同遴选代表性展品约 300 余件 / 套，从画艺、画技、画材三个维度的调适入手，讲述 18—19 世纪中外艺术家共同创造的中西方视觉艺术对话与调适的"广州时代"。

立足区位优势，广东省博物馆多年来一直致力于开展关于"海上丝绸之路"沿线遗迹、遗物的收藏、保护、研究和展示工作，努力以全球化的视野，向公众讲好中国故事、湾区故事和岭南故事，努力将广东省博物馆建设成岭南文化传播的标杆、世界文明交流互鉴的重要阵地。

注　释

〔1〕西蒙.参与式博物馆：迈入博物馆 2.0 时代.喻翔，译.杭州：浙江大学出版社，2018：8.

后　记

　　接到"中国博物馆陈列展览精品·策展笔记"的撰写任务后,策展团队既深感荣幸又压力倍增。一方面是担心撰写的质量无法达到编委会的期望值,与向读者讲好策展故事,成为一部"打开的展览"的丛书目标有差距;另一方面是时间紧、任务重,要按照编委会既定的时间节点保质保量地完成书稿的撰写工作有难度。为了有效缓解这一矛盾,策展团队在接到书稿撰写任务的第一时间,就进行了合理分工:

　　策展人白芳负责构建书目框架和全书统稿;

　　"引言"和"导览"部分由陈列展示中心白芳撰写;

　　"策展"部分的"选题策划"由陈列展示中心白芳撰写,"形式设计"由陈列展示中心设计师符凯撰写,"教育项目"由教育中心陈慧撰写,"宣传推广"由融媒体中心付岩撰写,"文创研发"由文创产业部付雪撰写;

　　"观展"部分的"智慧导览"由广州美术学院跨媒体艺术学院张啸、广州创际信息科技有限公司罗兆康撰写,"观众调查""意见反馈"由公众服务部郑颖撰写;

　　"结语"部分由陈列展示中心白芳撰写,其中"虚拟策展人"板块的内容由陈列展示中心杨凌撰写。

　　本书也是中国教育部人文社会科学研究规划基金项目《智慧博物馆展览的个性化阐释范式研究》(项目编号:21YJA760093)的阶段性成果。

　　囿于学识、能力,书中瑕疵在所难免,敬请指正!

白　芳